永久に生きるとは

バウンダリー叢書

永久(とわ)に生きるとは

室井和男

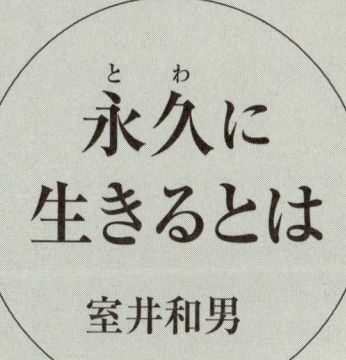

シュメール語の
ことわざを通して見る
人間社会

𒍣 𒁕 𒊑
zi da-rí
(永久の命)；どこかで聞いたような…．

(室) Mu-ru-i Ka-zu-á
(ro)

海鳴社

祖父母と母に捧げる

はじめに

　本書はシュメール語で書かれたバビロニアのことわざを一般の読者に紹介することを目的とする。シュメール語のいわゆる「格言」は、中には小話と言ったほうがよいものもあるが、概して短い文章より成り立っている。これらを単に訳出しただけでは味気ないものになると思われたので、表題と解説の他にその格言に関係ありそうな私の思い出も書いてみた。題材の取捨選択については、現代の我々にも理解できるものを中心としたが、私の個人的な好みも反映されていることと思う。

　シュメール語やシュメール文学の専門家ではない私がなぜこのような本を書いたかについては一言説明が必要であろう。私は、バビロニアの数学粘土板文書を研究してきて、その数学的内容とともに、その術語表現に興味を持った。術語の意味を確定するためには、関連する表現が出てくる文学作品、法典、碑文、占い文書そして手紙文などを調べなければならなかった。その過程で私はシュメール語で書かれた文学作品や格言に心惹かれた。できれば本格的に研究したいと思ったほどだが、その奥深い分野に足を踏み入れれば、二度と数学文書研究に戻れないことはわかっていたのでそれを断念した。ところが、1997年に出版されたシュメール語の格言の資料集

　　B. Alster, *Proverbs of Ancient Sumer*, CDL Press.[1]

を読んでみて、私はこのような人類の財産とも言うべきものを一握りの研究者の間にだけ留めておくのは惜しい思った。この資料集を読むためには、シュメール語の他にアッカド語や楔形文字全般についての知識が必要であり、一般の読者が簡単にそれに近付くことは難しいと言わざるを得ない。しかも、Alsterの英訳には誤訳も散見されるのである。そこで、何とかしてシュメール語の格言の存在を多くの人にわかりやすい形で知らせたいという気持ちが私に沸き起こってきたのである。その結果が本書である。

　現代人は、これらの格言を書いた紀元前十七、八世紀ごろのバビロニアの人々と比較して、自然界の認識において比べることができないほどの知識を持ち、高度に発達した科学技術を持っている。しかし、我々は、人間の本質的な点に関してどれほどの進歩をしたのであろうか。人と人の関係、家族、男女の問題、そして戦争などに関する古代の格言を読むと、この四千年近くの間に、本質的に変わらなかったもの、または、ほとんど進歩していないことなどが明らかになってくるのである。極論すれば、人類の進歩とは科学技術の進歩であったと言えるかもしれないのである。さらに、シュメール語の格言は我々に現代文明を省みる機会を提供してくれるのである。現代はものと情報の溢れる時代であるが、四千年後と言わず百年後二百年後に、どれほどのものが生き残っているのであろうか。「流行物は廃り物」のように、多くのものは消え去っていることであろう。人間の活動とはそういうものであるということも事実ではある。「後は野となれ山となれ」かもしれない。しかし、私は時代を越えて生き残ってきたもの、そして生き残っていくであ

ろうものに拘りたい。

　なお、付録として本文で扱わなかったシュメール語の動物寓話とアッカド語で書かれたアッシリアのことわざをいくつか訳しておいた。また、シュメール語に興味を持った読者のために文法の粗描も書いておいたので利用されたい。

　本書を書くにあたって利用した資料集、参考書などについては巻末に出典とともにまとめておいた。訳文は、原文に忠実にというよりは、日本語としての語感を重視した部分もある。また、原文はできるかぎり筆写（粘土板上の文字を手書きで写したもの）で確認した。

　本書が古代メソポタミアの人々の日常生活の一端を現代人に伝える一助となれば幸いである。

目 次

はじめに　5

シュメール語のことわざを通して見る人間社会　11

（1）ビール	12	（18）勇ましい	30
（2）怠け者	13	（19）遊牧民	32
（3）割り切れない論理	14	（20）眠らぬ人	32
（4）猫かぶり	15	（21）東西南北	33
（5）おせっかい	16	（22）宿命	35
（6）宿題	17	（23）お追従	35
（7）回避	18	（24）どうにも止まらない	37
（8）後悔	20	（25）宮殿	37
（9）物惜しみ	21	（26）賄賂	38
（10）借金	22	（27）現実と理想	39
（11）間男	23	（28）高級品	40
（12）泥棒の言い訳	23	（29）お供え物	41
（13）戦争と被害者	25	（30）金の切れ目	43
（14）直面	27	（31）ありえないこと	44
（15）旅の途中で	27	（32）質素堅実	45
（16）法螺吹き	29	（33）妻と子	46
（17）臆病者	30	（34）中身がない	47

(35) 必然	48	(62) 蛇の道は	76
(36) 諸行無常	49	(63) 食べ過ぎ	77
(37) 好きずき	50	(64) 戒律	78
(38) おとぼけ	50	(65) 本心	79
(39) 家に帰りたい	51	(66) 名前	80
(40) 御倉入り	52	(67) 気にするな	82
(41) 狼少年	53	(68) 応報	83
(42) 同窓生	54	(69) お似合い	84
(43) みんな仲良く	55	(70) ご用心	85
(44) 母親の愛	56	(71) 幻影	86
(45) 原罪	57	(72) 後の祭り	87
(46) 報い	57	(73) 隣の牛は	88
(47) 激昂	59	(74) 教訓	89
(48) 任せよ	60	(75) 悪巧み	90
(49) 黄泉への道	61	(76) 権威	91
(50) 迷信	62	(77) 両立しがたし	92
(51) 分別	63	(78) 朱に交われば	93
(52) 見掛けによらず	64	(79) 厚かましい	93
(53) 失踪	65	(80) 誰のため	94
(54) 静かなる男	67	(81) 先送り	95
(55) 義理	68	(82) 満腹のロバ	96
(56) 夜も眠れず	69	(83) 不信心	97
(57) 心配の種	70	(84) 自助努力	97
(58) 逃がした魚は	72	(85) 暴露	98
(59) 耳触り	73	(86) お行儀が悪い	99
(60) 貴賓席	74	(87) 物思い	100
(61) 理想像	76	(88) 雨降って	101

(89) 正直者	103	(95) 呪い	109
(90) 食通	104	(96) 優しい人	110
(91) 交配	105	(97) 愛憎	111
(92) 苦苦しいやつ	106	(98) 恥じらい	112
(93) 噛みつく人	107	(99) 心の痛み	113
(94) 憧憬	108	(100) 思い出	114

付録Ⅰ　動物寓話　117
付録Ⅱ　アッシリアのことわざ　123
付録Ⅲ　シュメール語とは　133

出典と参考文献　149

おわりに　156

楔形文字・イラスト：著者

> 凡例
> シュメール語とアッカド語のカタカナ表記は太字とした。

シュメール語のことわざ
を通して見る人間社会

(1) ビール

❙ 楽しきは、ビール。苦しきは、旅。

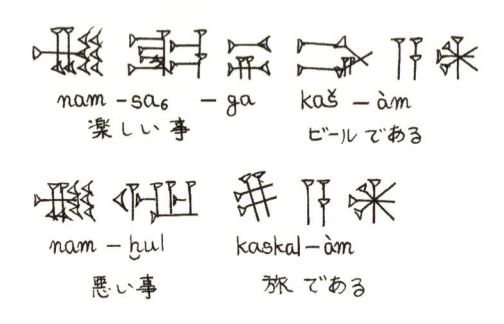

```
nam-sa₆-ga    kaš-àm
楽しい事       ビールである

nam-ḫul       kaskal-àm
悪い事         旅である
```

　シュメール語でビールは**カシュ**、旅は**カスカル**であり、この格言は一種の洒落。したがって、「楽しきは、ビヤ。苦しきは、たびや」と訳すべきか(!?)。古代メソポタミアの人々のビール好きは有名であり、時には飲み過ぎたようだ。次の格言には、共感する現代人も多いであろう。

❙ ビールを飲む人は、水を飲む。

　「飲む」は**ナグ**。原文は、ビールを**ナグナグ**、水を**ナグナグ**と語を反復している。したがって、「ビールをごくごく飲む人は、水をごくごく飲む」と訳したほうがよいであろう。なお、一群のシュメール語の動詞の反復形と日本語の副詞との間の類

似性が吉川守先生により指摘されている。[9]

　私は、ビールを飲み続け痛風になってしまったが、彼らはどうだったのであろうか。

（2）怠け者

犬は動く。サソリも動く。なのに、私の夫は動かない。

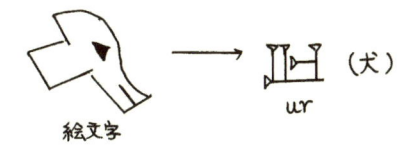

絵文字 → ur（犬）

　これは、怠け者の夫を持った妻の愚痴。シュメール語には、**エメサル**（上品な話し言葉？）と言われる言葉があり、よく女性に用いられた。ここでも**エメサル**が使われている。最近、若い女性で男性と同じ言葉遣いをする人が増えてきているような気がするが、日本語も欧米語と同じように、性別による使い分けのない言葉になってしまうのだろうか。

　私は、しばしば妻に「家のこと、なーんにも手伝ってくれないんだから。ブツブツ」と言われると、急いでトイレの掃除をして批判をかわす。しかし、妻に「お前は、家事に関して何も手伝いをしていないじゃないか」と男言葉で言われたら、口論

になる気がするのだが……。

---

(3) 割り切れない論理

九匹の狼が十匹の羊を捕らえたが、一匹が余分であり、うまく分けることができなかった。そこへ狐がやって来て言った。「私が、あなたたちに分けてあげましょう。あなたたちは九匹だから、一匹を取りなさい。私は、一人なので、九匹を取ります。この分け方が私の考えです」。

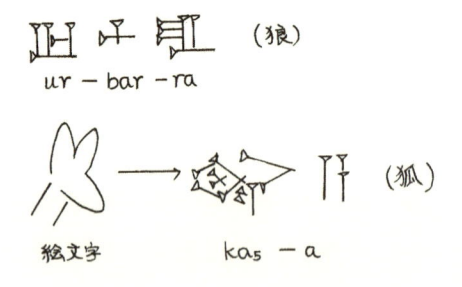

〔楔形文字〕 (狼)
ur – bar – ra

絵文字 → 〔楔形文字〕 (狐)
ka_5 – a

古代人にとって割算は難しい計算であった。バビロニアの書記ならば数表より答えをすぐに、1匹と $6/60 + 40/3600$ 匹と出したことであろう。バビロニアの数学では60進法で数を表し、数表を組織的に使って割算をおこなっていたのである。したがって、上記の小話に見られる $10 \div 9$ のような簡単な問題

は数学文書にはない。一方、エジプトでは、9個のパンを10人で分ける問題があり、$2/3 + 1/5 + 1/30$ 個と計算している例がある。

狐はずる賢い動物と思われていたようである。それにしても、「$9 + 1 = 1 + 9$」という狐の分配の論理は、狼たちには割り切れないものであったことであろう。

---

(4) 猫かぶり

狼は、ウトゥ神（正義の神）に泣きながら言いました。「家畜が（私を）角で突きます。私は一人ぼっちです」。

（角で突く）
ba – du₇ – du₇

家畜を襲おうとしているとき、狼は牧人にでも見つかってしまったのか、必死に自分は弱い動物で無力であると訴えている。ここで使われている動詞**ドゥドゥ**は、雄牛などの角のある動物が角で突くという意味である。ところが、数学文書では「平方する」の意味で出てくる。これは、バビロニア人が正方形を「長さと幅が互いに等しいもの、長さと幅が互いに張り合うもの」

と考え、比喩的に「長さと幅が互いに角で突き合うもの」と表現したことに原因があると思われる。それはともかく、牛が角で人を突くことはよくあることであった。ハンムラビ法典でも、牛が角で人を突き殺してしまったときの飼い主の責任の有無について規定を設けていたのである。

---

(5) おせっかい

犬が売春宿に入っていき、言いました。「(暗くて) 誰も見えない。この (ドア) を開けましょうか」。

売春宿は、酒場でもあったようである。売春の歴史は古く、おそらく都市文明の出現と同時であったと考えられる。紀元前25世紀ごろの文書にすでに売春という言葉が現れている。シュルッパクの教訓詩と言われる文書の中で、シュルッパクは息子のジウスドラに、

　　売春婦を買うな、三日月の口である。

と忠告している。ここでの「三日月の口」の意味はよくわからないが、妖怪人間ベラのように口の裂けた女を表しているのかもしれない。当時の売春婦も厚化粧をしていたのだろうか。なお、シュメール語の三日月**ウサカル**はアッカド語の**ウスカール**になり、数学文書では、半円や弓形を意味する専門用語として

使われた。

```
gán — u₄ — sakar    （半円、弓形）
土地 ＋ 三日月
```

---

(6) 宿題

火の消えないうちに、お前の宿題（練習用の粘土板）を書き上げなさい。

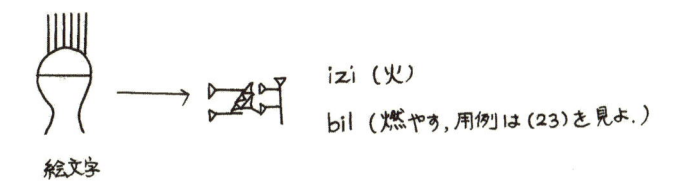

```
絵文字  →   izi（火）
            bil（燃やす、用例は(23)を見よ。）
```

　書記になるため学校に通う生徒には、昼の厳しい訓練に加えて、宿題が課されたのである。夜もわずかな明かりの下で楔形文字の習得に努力していたのである。上記の言葉は、おそらく生徒の父親のものであろう。

永久に生きるとは

　私の高校時代のある教師の訓話。「A君、B君の双子の兄弟は家が貧しかった。二人はいつも煤けた顔をしていたので理由を聞いてみると、ろうそくの灯りで明け方まで勉強をしていた。そして、彼らは東大に合格した」。これを聞いた我々生徒は、電灯のない家が信じられず、「先生、それは単に朝、顔を洗わなかっただけじゃないですか」と笑った。メソポタミアのような獣脂を用いた明かりでは多量の煤が出たに違いない。書記学校には煤けた顔をした生徒がいたことであろう。

---

(7) 回避

ライオンが人を食った場所は、人が二度と通らない。

（ライオン）
ur – maḫ

　メソポタミアでは、浮き彫りに描かれているように、ライオンが人を襲うことは珍しいことではなかった。したがって、上記の格言は、ライオンに注意せよ、ということを示唆しているのかもしれない。あるいは、人間は、他人に起こった不幸が自分自身に起こらないことを願い、できればその可能性さえも忘れたいと願うものだ、と言っているのかもしれない。

シュメール語のことわざを通して見る人間社会

　私の母は、郷里で車にはねられて死亡した。従姉がその場所に花を供えてくれていたが、数週間後、近所の人から「もう、やめて欲しい」と言われたという。人には人の生活があり、いつまでも事故を思い出させるものは迷惑ということであろう。無理からぬことである。あれから十数年が経ったが、私は別の意味でその場所を通れない。

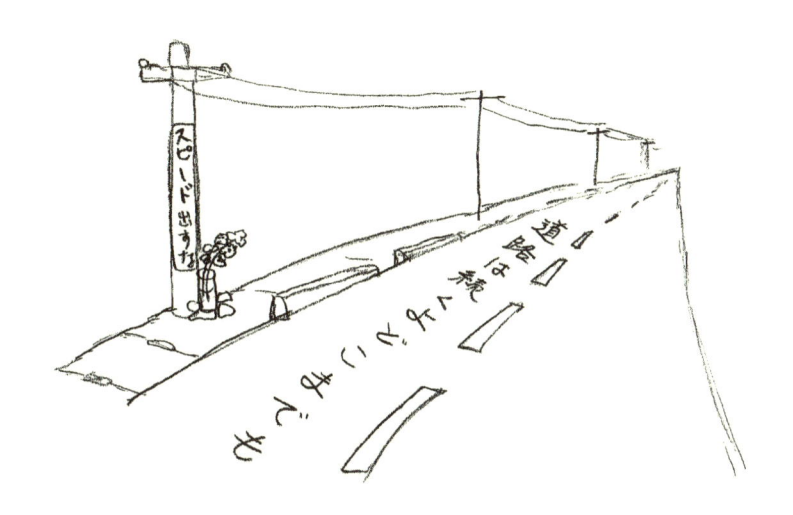

(8) 後悔

かわいくて、彼は結婚。考慮して、彼は離婚。

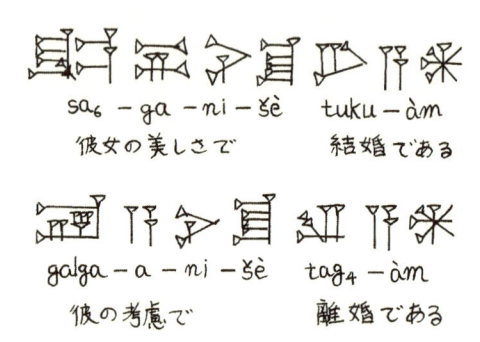

sa₆-ga-ni-šè　　tuku-àm
彼女の美しさで　　結婚である

galga-a-ni-šè　　tag₄-àm
彼の考慮で　　　　離婚である

　これは、よく考えてから結婚しなさいという戒めの言葉であり、現代でも通用する格言であろう。「結婚」は**トゥク**、「離婚」は**タグ**で、韻を踏んでいる。ハンムラビ法典でも離婚についての条項がある。妻が子を生まなければ、夫は銀を払い、妻の持参した持ち物を返して、離婚することができた。また、夫に問題がある場合は、妻から離婚の申し出をすることができた。ただし、離婚の原因に「性格の不一致」があったかどうかは、わからない。

　なお、「転ばぬ先の杖」として次のような格言もあった。

🜚 祭りの日に、妻を選ぶな。

　これは、祭りのとき、娘は着飾っていて実際以上に美しく見えるものだから注意しなさいという格言。ある文書には「彼女の着物は借り物、彼女の宝石は借り物」と具体的に注意すべき点も述べられている。

　私は夏になると故郷の村祭りを思い出す。山車の上でひょっとことおかめが太鼓と笛にあわせて卑猥な踊りをするころ、祭りは最高潮に達するのであった。男も女も提灯に照らされた顔が、上気しているようだった。この村祭りで誰かと誰かが結ばれたという話は聞いたような、聞かないような……。ここには書けない。

---

(9) 物惜しみ

🜚 脂身は、おいしいわ。羊の脂身は、おいしいわ。奴隷女にやるのは、惜しいわ。

　エメサル（上品な話し言葉）で書かれた女主人の言葉。「おいしい」は**ゼブ**、「与える」は**ゼム**。通常のシュメール語では、それぞれ**ドゥグ**、**スム**となるので洒落にはならない。最後の文の直訳は「私は奴隷女に何を与えようかしら」である。

　奴隷女は、その目印として特別な髪形をしていたようである。

ハンムラビ法典によれば、奴隷女が主人の子を生んだならば、たとえ彼女が女主人に「張り合う」ことをしても、彼女を売り払うことができなかった。ただし、身分は奴隷のままであった。女主人と奴隷女は、仲良く暮らしていたのであろうか。

---

(10) 借金

⸸ 私が建てた家、お金の借り過ぎ。私の開いた畑、できず犂(すき)入れ。私は、こんな状態。

　これは、家を建てるのに多額の借金をし、返済のために忙しく、自分の畑を耕す暇もなくなった男の言葉。楔形文字は異なるが、「借金（利子付）」と「犂で耕す」は、ともに**ウル**。このような同音異義語を使った表現は頻出する。なお、借金を返せない人は、奴隷として売られた。紀元前二千年ごろのメソポタミアでは、多額の借金をし破産する人たちが増えてきて、社会問題となっていたのである。次の断片的格言は、この状況の一端を伝えている。

⸸ 涙を流す母……お前は、借金に飲み込まれている！

　さて、紀元後二千年の現代社会は、この借金の問題に関して、メソポタミアよりどれだけ進歩したのか。

(11) 間男

誰も彼の所に行かない。誰も彼の所に行こうとしない。彼の生命は、彼のように（密かに）過ぎ去る。善良な人には無価値な男。彼の生命は、（長く）与えられない。彼は、一円玉のように投げ捨てられる。誰も彼を気にかけない。彼は、着物のごとく扱われる。重い罪が彼にはある。彼とは、誰だ。人妻といっしょに寝たやつは。

ハンムラビ法典では、密通した男女は縛られて、水に投げ込まれると規定されていた。ただし、密通した妻の夫が希望すれば、両者とも生命を保証された。しかし、この規定が実際に厳格に適用されたかどうかは、わからない。上記のなぞなぞのような小話から判断すれば、何らかの社会的制裁があったのであろう。

(12) 泥棒の言い訳

彼らは白昼に泥棒を見つけた。（すると）泥棒は「入口が燃えています。みなさん気づいていません。私は（品物を）運び出しているところです」と言った。

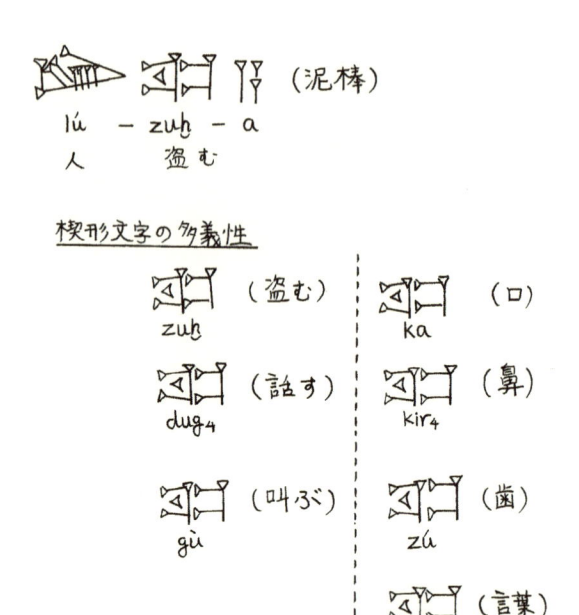

𒈨𒄑 𒅗 𒀀 (泥棒)
lú - zuḫ - a
人　　盗む

楔形文字の多義性

𒅗 (盗む)　　　𒅗 (口)
zuḫ　　　　　　ka

𒅗 (話す)　　　𒅗 (鼻)
dug₄　　　　　kir₄

𒅗 (叫ぶ)　　　𒅗 (歯)
gù　　　　　　zú

　　　　　　　𒅗 (言葉)
　　　　　　　inim

　泥棒は白昼堂々と他人の家から物品を盗んでいるところを誰かに見つかってしまったようである。彼は、火事場泥棒ではないが、家が火事なので親切心から物を運び出してやっていると嘘を言っているわけである。

𒁹 壁に穴を開けて家に押し入ろうとしていた泥棒が捕まったとき、泥棒は言った。「私は、屋根の上にいる男を追いかけているのです」。

泥棒は、人々の注意を屋根に向かわせている間に逃げようとしたのであろうか。しかし、ハンムラビ法典に従えば、彼はその穴の前で殺されて、そこに吊されることになったはずである。

私は、泥棒と向き合ったことがある。ある日、私一人のはずの講師室に人の気配。私と目が合った若い男は、「教務より頼まれて、絨毯のクリーニングの見積もりに来ました。あっ、そこに染みがありますね。染み抜きをしておきます」。見ると確かに、大きな染みがあった。私は「お願いします」と言って、自分の机にもどった。同僚の鞄が盗まれているのがわかったのは、その数時間後であった。

---

(13) 戦争と被害者

戦場は、草木が引き千切られ。

戦争によって荒らされた畑や果樹園などを表現した言葉である。日本の戦国時代の農民ならば共感することであろう。現代の日本でこのような光景を見ることがないのは幸いである。私は、日本が戦争を起こさず、また外国の戦争に加担しないことを願う。

郷里に明神坂という勾配のきつい、そして長く曲がりくねった坂があった。辺りに家はなく、砂利道の両側は杉林と竹林であった。戊辰戦争の際、この坂を攻め上がってきた官軍は、会

津藩側についていた地元の武士や農民を殺して、その首を道の両側の竹に串刺しにしていったという。この話を聞かされていた我々子どもたちは、暗くなるとこの坂を怖くて通れなかったものである。私はこの坂を登って家に帰るときは、後を振り返らず、左右を見ず、足下だけを見て歩いていった。砂利を踏む自分の足音だけが聞こえていたことを憶えている。

正直な人によって建てられた家が、不正の人によって破壊された。

これは戦争などで自宅を壊された人の気持ちに当てはまるものである。家を失った人の憤りは敵に向けられ、報復が続くことになる。現代の世界でも目にする光景である。ニューヨークでの同時テロ事件に対してアメリカ人が抱いた気持ち、そして、米軍機による爆撃を受けたアフガニスタン人の気持ちも、これではなかったのか。このような報復の連鎖を断ち切ることはできないのであろうか。次の格言を読むと、古代人たちも問題解決の糸口を知っていたように思われる。

都市は、(敵対する) 都市に「こんにちは」とは言わない。(しかし、) 人は (その都市の) 人に「こんにちは」と言う。

（14）直面

▼私が野性の雄牛から逃れたとき、野性の雌牛が私に立ち向かってきた。

　一難去ってまた一難、ということ。野性の雄牛は獰猛な動物として神話にも出てくる。農耕には不向きであったことが、次の格言からもわかる。

▼野性の雄牛は、犂(すき)の忌み嫌うものである。

　母が死んで 90 歳の祖父が一人残された。私は新幹線で仙台と栃木を何回も往復し、ようやく祖父を特別養護老人ホームに入所させることができた。そのころ、教務部長より呼び出しを受けた。「先生、ちょっと生徒の評判が良くありません。どうしましたか」。暗うつさが顔に出ていたのであろう。一難去ってまた一難の思い出である。

（15）旅の途中で

▼旅に出て、人は食べることに飽きはしない。一日中、（食べ

物を）拾い集めている。

　これは、旅の目的はそっちのけで、道すがら、木の実などを採集している人を皮肉ったものであろう。現代の日本では、お金さえあれば、いつどこでも食べ物が手に入るが、古代世界ではそうでなかった。したがって、上記の格言のなかに、旅の途中での食料確保への不安という側面を見ることも可能であろう。
　現代でも旅行となると、よく食べ、よく飲む人が多い。私の中学校時代の修学旅行のときの思い出。親友の酒屋の息子、「ゲンジの子、ケンジ」は、朝早くバスが校門を出て出発した直後、ウィスキーの小瓶を取り出した。後方の座席で二人でちびちび飲んでいたが、そのうち空になった。私が「ねぐなっちった（＝なくなってしまった）」と言うと、彼は「だいじだ（＝大丈夫だ）、もお一本あっから（＝あるから）」と答えた。その一本は、夜のために取っておいたのであった。

(16) 法螺吹き

狐が、ちんぽこを海に向けて小便をし、言いました。「海は全部、おれの小便だ」。

⚁ (giš, ちんぽこ) ＋ ⚂ (a, 水)

＝ ⚃ (kàš, 尿)

「小便」を表す楔形文字は、「ちんぽこ」と「水」を表す二つの文字を組合せてつくられていた。我々が使う漢字「尿」と似ているが、より直接的である。楔形文字と漢字は共通点も多く、日本人にはわかりやすいと思う。また、シュメール語も日本語との共通点があり、興味深い。しかし、その文法体系は解明されたとは言いがたく、手軽に学べる言語ではないというのが現状であろう。

(17) 臆病者

狐が彼の妻に次のように言いました。「来い！　都市ウルクを歯でリーキのように粉砕してやろう。都市クルラブを我々の足にサンダルのように括りつけてやろう」。その都市への距離が、まだ六百ニンダン（約 3600m）ほどもあるところへ近づいたとき、その都市で犬が吠え始めました。「トゥンマルの奴隷女よ、トゥンマルの奴隷女よ、あなたの住まいへ、一緒に行きましょう。邪悪が、その都市で吠えています」。

ほんとうは臆病者だった狐が、妻とともに家へ逃げ帰ろうとしている小話。ここでの「トゥンマルの奴隷女」は妻を指していると思われるが、意味はよくわからない。当時の人は、思わず笑ってしまうような、何らかの意味があったのであろう。

(18) 勇ましい

狐が棒を持っていました。「誰をひっぱたいてやろうか」。彼は、円筒印章を携えていました。「何を拒絶してやろうか」。

小心者の狐は、武器と裁判のとき必要となる印鑑を手にして、

シュメール語のことわざを通して見る人間社会

気が大きくなったようである。人は、武器を持てば使ってみたくなり、印鑑を持てば押してみたくなるようである。

　小学生のころの話。友だちとパチンコで遊ぶことにした。敵味方に分かれて、相手をパチンコで撃つという少々危険な遊びであったが、弾は団栗で小石はだめ、顔を狙うのもだめという約束事があった。我々の組は農家の納屋の前に陣取り、外からの敵に応戦していたが、大将のＫ君が突然「いてえ！」と悲鳴を上げ、のけぞった。我々が近寄ってみると、彼のジャンパーの背中の部分に小さな穴が開き、そこから空気銃の弾が出てき

た。あたりを見回すと、ある中学生が空気銃を持って立っていた。「勘弁な。そこの壁を狙ったんだ」と彼は言った。しかし、私はK君を狙い撃ちにしたに違いないと思った。それにしても、頭に当たらなかったのは幸いなことであった。

---

(19) 遊牧民

動き回ることは、貧乏に負けない。動き回ることを知っている人は、定住した人よりも強く、長生きする。

この格言には遊牧民の自負が見て取れる。また、背景には遊牧生活をやめて都市に定住する人たちが増えていったことがあるのであろう。日本のような農耕民族にとっては、定住せずに放浪生活をすることは、むしろ貧乏につながると思われよう。したがって、日本には上記の格言に対応するものがないのは当然と言える。

---

(20) 眠らぬ人

私は歩き回っている。私は疲れていない。私は歩き回り、私

は眠らない。

　この格言の意味はよくわからないが、このような人が昔もいたのであろう。ポーの短篇小説のなかに、都会のなかで一日中歩き続ける男を描いた作品があったと記憶しているが、それは、都会のなかでの孤独が主題であり、上記の場合とは違うと思われる。

　東京から来ていたY先生はいつも酒臭かった。酒量が増えるとともに声が大きくなり、若い先生に意見を垂れた。ほんとうに一晩中飲んでいても平気な人であった。ある日、新幹線に乗り遅れ、我が家に泊まった。私は、午前0時まで酒を付き合い、床についた。Y先生はその後、電話をかけまくっていたらしいが、家人は彼がいつ寝たかわからないと言っていた。翌朝、彼は私より早く起きてきて、「ご飯のほうがいい」と言い、三杯おかわりをした。しかし、仙台に来なくなって数年後、彼はアパートで吐血して亡くなっていたのを妹さんに発見されたという。

（21）東西南北

北風は、満足な風。南風は、人を倒す。東風は、雨の風。西風は、そこに生きる人を吹き流す。

𒅎 𒌓 𒇻 または 𒅎 𒁹 （南風）
im – u₁₈ – lu　　　im – 1

𒅎 𒋛 𒁕 または 𒅎 𒈫 （北風）
im – si – sá　　　im – 2

𒅎 𒊓₁₂ 𒋾 𒌝 または 𒅎 𒐈 （東風）
im – sa₁₂ – ti – um　　　im – 3

（注）普通は 𒅎 𒆳 𒊏 （山の風）が 東風．
　　　　im – kur – ra

𒅎 𒈥 𒌅 または 𒅎 𒐉 （西風）
im – mar – tu　　　im – 4

　このような格言は、そこに住んでいる人以外には、ぴんとこないものであろう。北風の原意は、「まっすぐな風」であり、暑さをやわらげてくれる、心地よい風であったのであろう。南風は「嵐の風」、東風は「山の風」、西風は「アモリ人（西部の遊牧民）の風」であり、それぞれが風だけではなく方角をも表した。後の時代になると四つの風（方角）は、南北東西の順に番号が付けられた。風の吹く方向を考えれば、たとえば、東南西北のような順序にはならないのは当然のことかもしれない。

　現代人は天気予報のおかげで、嵐などに備えることが可能であるが、古代人はそうではなかった。空の色、雲の形、風向きの微妙な変化をとらえて天気を占ったことであろう。この点に関しては、現代人の感覚は古代人のそれより鈍くなっているのではなかろうか。

(22) 宿命

❕私は、不運な宿命の日に生まれた。

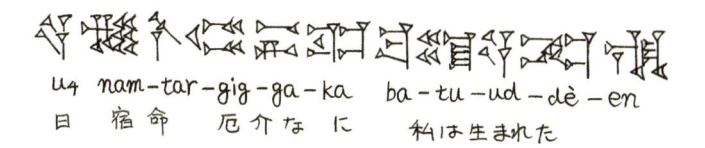

u₄ nam-tar-gig-ga-ka   ba-tu-ud-dè-en
日 宿命　厄介な　に　　　　私は生まれた

　これは、不幸な境遇にある人の言葉。古代人は、現代人よりも宿命的な考え方をしていたと思われる。**ナムタル**（運命、宿命）という単語は粘土板文書に頻出しているものである。
　義父は無口な人だったが、正月はよく酒を飲みよくしゃべった。そして「おれは、悪い日に生まれた。昔から誕生日を祝ってもらえない」と言って皆を笑わせていた。彼の誕生日は一月一日であった。

(23) お追従

❕ライオンは鍋を温めて言いました。「誰か、うまくない、と言うやつはいるか」。

永久に生きるとは

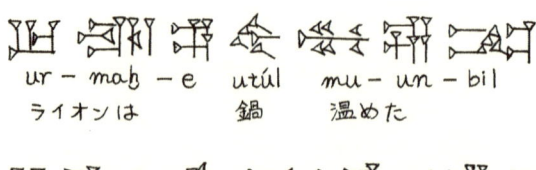

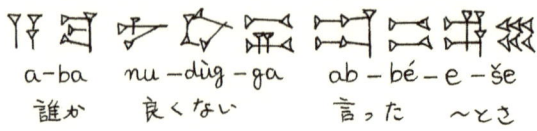

ur – maḫ – e　utúl　mu – un – bil
ライオンは　　　鍋　　温めた

a – ba　nu – dùg – ga　ab – bé – e – še
誰か　　良くない　　　言った　〜とさ

　ライオンにこう言われれば、多くの動物は「いや、おいしそうです」とお追従を言うことだろう。「追従も世渡り」である。上記の格言は、擬人化によって権力者を皮肉ったものと考えられる。現代のある国家では、権力者に反抗することは身の安全が保証されない事態となりうる。古代社会では、それはもっと切実なことであったと思われる。書記たちは、権力者とそれに追従する人々を冷静に観察していたに違いない。

　Y先生は「飲み直す」と言って、T先生を連れて我々と別れた。宿泊先のホテルのバーで深夜まで酒を飲み、最後の仕上げにステーキを食べようとした。かなり酒を飲まされていたT先生が「えー!?」と言うと、「なんだ、お前、おれのステーキが食えねえって言うのか」と凄んだ。T先生は「いや、いただきます」と言って、全部食べ（させられ）たという。

> (24) どうにも止まらない

𒀭「私にしゃべらせてくれ」は、足があるがごとく歩き回る。その口に誰が適おうか。

　これは、あちこちでおしゃべりをする人への皮肉。昔もおしゃべり好きの人がいたのであろう。男か？　女か？　どちらの場合もあったであろうが、次の格言を読むと、私は女性のほうが多かったのではと推測する。

𒀭口では、殿方（ムル）に負けないわ。

　普通のシュメール語では「人、男」は**ル**、しかし、**エメサル**（上品な話し言葉）では**ムル**。この**ムル**が上記の格言のなかに出てきているのである。

> (25) 宮殿

𒀭宮殿は、馬鹿ばかり。

𒀭宮殿は、巨大な川。そのなかは、角で突く雄牛。

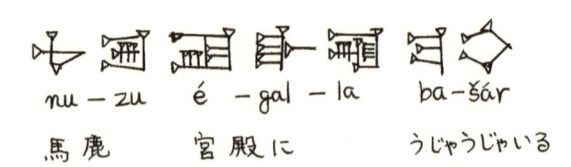

永久に生きるとは

nu-zu　é-gal-la　ba-šár
馬鹿　　宮殿に　　うじゃうじゃいる

　これらの言葉は、書記たちが宮殿の高官たちをどう見ていたかを如実に示すものである。書記たちから見れば、彼らは学識のない権謀術策にたけた連中であったのであろう。このような悪口を粘土板に書いても大丈夫であったのだろうか。答えは、おそらく、イエス。なぜならば、書記以外の人は、ほとんど読み書きができなかったからである。

　ＴＫ先生は、一流企業の研究所を辞めて予備校に来た。いつも長身を屈めて静かに歩く。怒った顔は見たことがなく、いつも微笑んでいるように見える（眠っているようだ、と言う人もいる）。私は、ある時「どうして、辞めたの」と聞いた。「……足の引っ張り合いばかりで……」。どうやら、出世競争に向いていない人らしかった。彼にとって、会社は「角で突く雄牛」の世界であったに違いない。

---

(26) 賄賂

あなたの右手は子羊を持っていきなさい。あなたの左手は心

付けを持っていきなさい。

𒃻 𒊮 𒀀 = kadra (贈り物, 賄賂)
NÍG — ŠÀ — A
物, 心の

　これは、神殿に犠牲を捧げるとき、別に手土産を持っていけという処世訓である。シュメール語の**カドゥラ**「贈り物、賄賂」を表す楔形文字は、物を表す文字と心を表す文字から成り立っている。日本語の志に相当するであろう。
　裏口入学で問題となったT大学医学部。ここに入るためには、右手に授業料、左手に寄付金（という名の賄賂）を持っていかなければならないのであろう。

---

(27) 現実と理想

𒁹 力強き者は、地上の支配者である。

𒁹 力は、人の口から、出でくる。

𒁹 力は、知性に及ばない。

これらの格言は、この順序で粘土板に書かれているが、別々のものと理解される。最初のものは、現実を言い表わしたものである。おそらく、歴代のアメリカ大統領の潜在意識にあったものと同じ。二番目のものは、口先だけ勢いのいい人を当てこすったもので、某国首相に当てはまる。最後のものは、理想を表したものであり、これを体現できる指導者がいつの世にも求められているのであろう。

---

(28) 高級品

ぼろを着た男が言うことには、「値がいいものは、持ちがいい」。

　粗末な衣服を着た男の強がりの言葉。ぼろぼろの服は、**ビルビル**の**トゥグ**と言われた。また、**カル**（高価な）と**カラ**（強い）は、ともに同じ楔形文字で書かれているので、文字と発音が同じで意味が異なるという洒落になっている。
　私が子どものころは、みんなよく継ぎ接ぎの衣服を着ていた。小学生のころになると少し恥ずかしかったが、それは、ありふれたことであった。「つぎあて」という言葉がほとんど死語となった現在、わざと裂け目を入れたジーンズを履く若者を見て、私は是非もないと思った。

(29) お供え物

❕雌犬は自分の子犬たちに言いました。「お前たちは、(死者への) 供物を食べてはいけませんよ。あれは、人間が持ってきて、食べるものなのですよ」。

　この動物寓話は、供物に関して、人間は犬と同じようなことをしていると皮肉ったものであろう。神への供物も死者への供物もすべて人間の胃袋の中に消えたのである。

　昔の墓場には、日中でも子どもが一人で、そばを通れない怖さがあった。小学校の夏休みのときのことである。川遊びの帰りの夕方に、友だち二人と村はずれの墓場を通った。年上のA君とB君は、腹が減ったので、お盆のお供え物を食べようと言った。私は、早く帰りたかったが、逆らえず供物のトマトを失敬した。日に照らされたトマトは生暖かく、まずかった。その時、A君が「(幽霊が) 出た！」と叫び、B君とともに逃げていった。私は、トマトを投げ捨てて彼らの後を追ったが、泣き叫んでいたような気もする。

永久に生きるとは

(棺桶台)

> (30) 金の切れ目

私は、種の尽きた家へ誰を連れてこようか。

　これは、畑に蒔く種もなくなってしまったような貧しい家は、人手を借りることができない、ということを意味する。いつの時代でも無償で働いてくれる人はいない、ということであろう。したがって、「金の切れ目が縁の切れ目」となったこともあったに違いない。

　私は大学を卒業してすぐ、ある小さな会社に就職した。あまりの労働条件の悪さに耐えられず、何人かで労働組合をつくったとき、会社に出入りしていたS銀行のNさんの態度が変化した。振込みを依頼すると「自分で行ってきてくれる？」。いつもの笑顔はなかった。その直後、私は無職となり「金の切れ目が縁の切れ目」ということを学んだ。それから二年後、偶然に仙台駅のトイレで彼に会った。私が「おかげ様で、再就職できました」と言うと彼は「そうですか」と言って去っていった。それ以来、私はS銀行に預金をしていない。

> (31) ありえないこと

❦ シュメール語を知っている床屋さん。

𒀭𒁽 𒅴𒄀 𒁀𒀭𒍪𒀀
kindagal   eme-gi₇   ba-an-zu-a
床屋の親方　シュメール語　知っている〜

　古バビロニア時代（紀元前 2000 年〜1600 年）にはシュメール語は死語となっており、書記学校で学ばれる学問語であった。したがって、書記以外の一般の人は、ほとんどシュメール語を知らなかったのであり、「シュメール語を知っている床屋さん」は、考えられないことであったのである。上記の言葉には、シュメール語と床屋の取り合せの妙の他に、書記たちのエリート意識をも見てとれよう。現代でも、たとえば、ラテン語の読み書きができる床屋さんは、ほとんどいないであろう。もしいたら、その人はただ者ではなく、何らかの学問を研究している人であるに違いない。

(32) 質素堅実

少食は人を殺さず、貪欲は生命を奪う。少し食べることは輝く人生。歩き回るときは、足を地に着けよ。

　これは、欲深せず堅実に生きよ、という格言。このような格言は、理想の生き方を提示したものであり、現実の社会では、これと正反対の生き方をしていた人が多かったことを示すものと言えよう。

　仕事で各地の有名進学校を訪れることがあったが、その学校の校風が「質実剛健」というところは多い。「飾らず真面目で、心がしっかりしている」というこの言葉は、高校生の理想像の一つなのであろう。一方、私の出身校の校風は「質素堅実」。これは、内容的には「質実剛健」と似たようなものだが、あまり元気が出てこない言葉である。高校生のとき、私は「質素堅実に生きて、人生楽しいのか？」と思ったものである。卒業後30年にして「堅実」の大切さは少しわかったが、私の場合、「質素」の大切さがわかるには、あと30年かかる気がする（生きていればの話であるが）。

（33）妻と子

▌妻を養わない、子を養わない、繁栄に達しない。

　妻子を養うことは一家繁栄のための必要条件であるという格言。妻子を養ってこそ一人前の男ということであろう。「そんなことはわかっている。しかし、現実は……」と嘆く現代の中高年男性のためには、次の格言がある。

▌私は浪費する女を娶り、私は浪費する息子をもうけて、健康に良くない気持ちが私に置かれている！

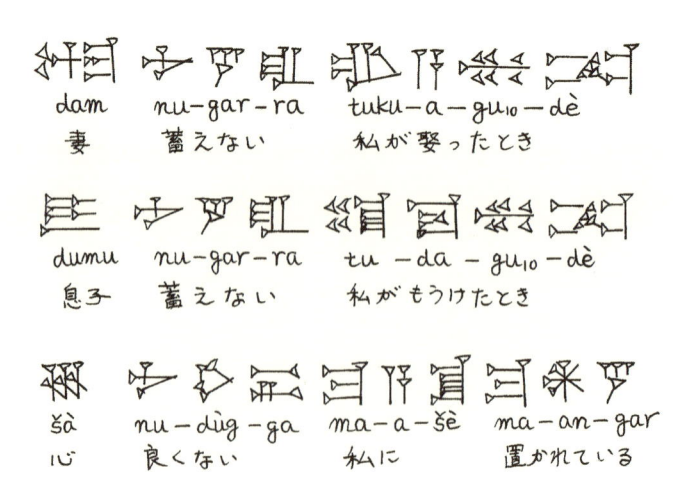

dam	nu-gar-ra	tuku-a-gu₁₀-dè
妻	蓄えない	私が娶ったとき

dumu	nu-gar-ra	tu-da-gu₁₀-dè
息子	蓄えない	私がもうけたとき

šà	nu-dùg-ga	ma-a-šè	ma-an-gar
心	良くない	私に	置かれている

このように格言にはしばしば相反するものがある。日本語の格言にも「渡る世間に鬼はない」と「人を見たら泥棒と思え」などがある。これらは、その状況に応じて使い分けられるべきものなのであろう。

---

(34) 中身がない

哀歌を歌う僧侶のパンは、嵩が大きく、その重さが小さい。

　これは、見かけだけで中身のない人や物を皮肉ったもの。あんパンなどで、中がほとんど空になっていて少ししかあんが入っていないものがある。古代のパンにも中身は「空気」というようなものがあったのであろう。なお、**ガラ**と呼ばれた僧侶は儀式を執り行い哀歌を歌うことが仕事であった。しかし、人々を感動させるように歌えるガラ僧侶は少数であった、ということが上記の格言より読み取れよう。
　私は、中身がない長い文章を書く人を軽蔑してきた。しかし、今は少し考えを変えた。修飾語句に満ちた美しい文章を書ける人は、何らかの能力を持っているのであり、それに相応しい領域で力を発揮してほしいということである。

（35）必然

> 宮殿は廃墟を避けられず、荷船はわらを避けられず、自由の身の男は賦役を避けられない。

　この格言は、何事にも必然が伴うということを述べている。華やかな宮殿も戦乱などでいつかは廃墟になるという最初の言葉は、黒沢明監督の映画『蜘蛛の巣城』の冒頭の場面を思い出させよう。また、荷物を満載した船は動きが鈍く、水面に浮かぶわらの束などを避けるのは難しいということであり、さらに一般の市民には一定の労役が義務であるので、それは避けがたいことであると述べている。

　予備校の非常勤講師は「自由業」なので、国民保険と国民年金に入らなければならない。しかし、後者については「将来この制度は破綻する」とみてお金を納入していない人が多い。政府が「老後のための国民年金」と言っても誰も信用しないのだから、「国民年金、納入は避けられず」という標語を揚げたほうがわかりやすいであろう。それでも未納者の増加は食い止められないと思うのだが……。

(36) 諸行無常

その無比なるもの。いかに無比であれ、その姿は変わりゆく。

diš-bi diš hé-a igi-igi-bi an-di-ni-ib-kúr-kúr
唯一 その唯一 であれ 外観 その 変わりいく

　これは、どのようにすばらしい物や人であっても、それは時とともに外観は変わっていくということである。諸行無常であり、盛者必衰であるということを表現しているのであろう。
　予備校の先生の出入りは激しく、卒業生が二、三年後に予備校を訪れると知らない先生ばかりということもある。彗星のように現れて、去ってゆく講師も少なくない。とくに、英語の先生は競争が熾烈で大変なようである。一方、数学に関しては、東京、名古屋、大阪、広島などには、20年以上教えているというベテラン有名講師が必ず、しかも複数いる。若い人が出てこないのか、あるいは若い人たちを彼らが蹴落としているのか、私は知らない。

(37) 好きずき

彼らの楽しみ、(他の) 彼らの不愉快。彼らの不愉快、(他の) 彼らの楽しみ。

　たで食う虫も好きずきという日本の格言に相当するものである。嗜好品について、この言葉がよく当てはまるであろう。
　私は納豆が大好きであるが、よく食べるようになったのは宮城県に来てからである。米がうまいから納豆もうまい、という気がする。最近、納豆の臭いを抑えた「ソフト納豆」なるものが出回っているが、これはいただけない。臭いが強烈で粘りが強いものがうまいのである。

(38) おとぼけ

屋根の上に座っている男が言いました。「家のなかの人に光を当てようと思っているんだ」。

　屋根にいる男は夕涼みでもしていたのであろう。日は沈みかけているが、まだ屋根の上なら日が射すといったころ、ある人が男を見上げて「そこで何をしているんだい」と言ったとき、

仕事をさぼっていた男はとぼけて上記のように答えたのであろう。家のなかは暗くなってきたに違いない。

　Ｋ先生たちが担当した模擬試験で出題ミスがあった。ある条件が欠落しており、解が「解答例」のように一つにならないのであった。彼らは講評で「……このように解は無限にある。解答例はこの一つを示したのである」ととぼけたが、数学が少しわかる教務部長に発覚してしまった。

（39）家に帰りたい

❦ 彼がよく言う「私は、家に帰りたい」。

　いつも難しい仕事や不愉快な仕事から逃れようとする人を皮肉った言葉。現代社会でも、子どもは別として、大人はこれでは通用しないであろう。嫌な仕事もせざるを得ないのである。
　私は20年前から、東北各県の進学校から特別授業の講師として招かれ、数学を教えてきた。多くの場合、手厚いもてなしを受けこちらが恐縮した。ある年初めて県内の某高校へ行ったが、先生方の雰囲気が他県とまったく違っていた。宿泊先は「合宿所」であり、ベッドの他は何もなく、洗面用具や浴衣なども用意されていなかった。汗臭いベッドと毛布に自分でシーツを敷き、カバーを掛け、下着のまま寝ざるを得ない状況になったとき、私は怒りが込み上げてきた。ほんとうに帰ろうか

と思ったが、生徒に責任があるわけではないので思い止まった。東京から来た英語の先生と顔を見合わせて、初日から「早く家に帰りたい」であった。

---

(40) 御倉入り

❢ 購買品、きちんと仕舞われ、忘れられ。

　ある物が欲しくて買ってはみたものの、そのうち飽きてしまい、そのものを御倉入りにするということは現代にもありそうな話である。「忘れられ」を直訳すると「（それが）心から出ていく」である。

　高校三年生のときだったか、校長が我々のクラスに訓話に来た。「家が欲しくて家を手に入れると、何のことはない。次に、車が欲しくて車を手に入れると、これも何のことはない。……人生はこの繰り返しだ」と彼は言った。友人たちが「それはおかしい」と言ったが、校長は笑いながら「いや、ほんとうだ」と答えた。物に執着するかぎり、校長の言葉は正しいのであろう。しかし、私はそれとは別の世界で生きたい。

シュメール語のことわざを通して見る人間社会

> （41）狼少年

うそを言いなさい。（それから）真実を言いなさい。それは、うそとなるでしょう。

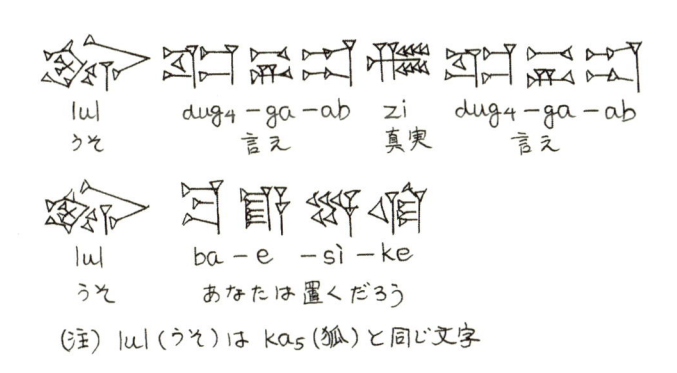

lul　dug₄-ga-ab　zi　dug₄-ga-ab
うそ　言え　　　真実　言え

lul　ba-e-sì-ke
うそ　あなたは置くだろう

（注）lul（うそ）は ka₅（狐）と同じ文字

　イソップ物語の「狼少年」の話を思い出させる格言である。いつの時代でも重大なうそをつくと社会から信用されなくなるということであろう。
　東京から来ていた現代国語のY講師は虚言癖の人だった。「私はイタリア語がわかるが、イタリア語では思考できない」と大声でしゃべっていた。京大卒の経済学博士、大学講師、某研究所研究員、某政党委員長のブレーンの一人、……。すべてがうそだった。寸借詐欺もあり、予備校から消えた。死んだと

言う人もいるが、誰も彼の行方を知らない。それにしても、おもしろい人だった。冬でも半袖のポロシャツを着て授業をしていて、「暑い！暑いよ！　冷房を入れてくれ」と言っては教務を困らせていた。

（42）同窓生

❶友だちであることは、たった一日だけ。(しかし)、同窓であることは一生続く。

これは、書記たちの絆は友情より強いということを表現したもの。幼少時より書記学校で厳しい訓練を受けた人たちの間には、連帯感があったのであろう。一方で、仲の悪い書記たちがいたことも知られている。

❶口論は、同窓生のところにあり。

M先生は某高校の進学実績を上げ、他校へ栄転した。後任のT先生と懇談したとき、私は、M先生のことに触れたが、T先生は「そんな人もいましたね」と言った。後で他の先生方に聞いたところでは、二人は学校内でも口も利かない間柄であったという。お二人とも東北大文学部卒と聞いた。私は、両先生に親切にしてもらった記憶しかなく、盛岡を訪れるたびに、昔を

思いだすのである。

> (43) みんな仲良く

分け前に分け前を足すことは、ウトゥ神（正義の神）が嫌悪することである。

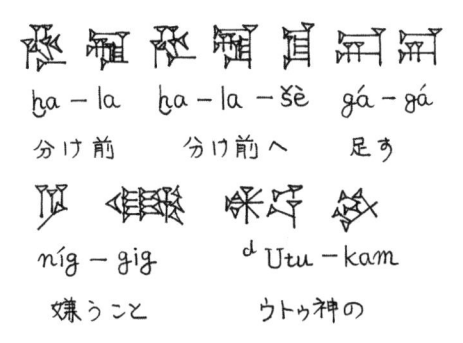

ḫa-la ḫa-la-šè gá-gá
分け前　分け前へ　足す

níg-gig　　ᵈUtu-kam
嫌うこと　　ウトゥ神の

　これは、いろいろな利益や収穫物を分配するとき、特定の分け前を多くするのは良くないことだと言っているのである。みんな仲良く、平等に分配せよということであろう。しかし、このような格言の存在自体が、現実ではそのようになっていなかったことを示すと言えよう。人間は、一般的に欲深なのである。
　分け前を表すシュメール語**ハラ**は、数学文書にも出てきてい

る。何人かの兄弟がある条件に従って遺産を分配する遺産相続問題がそれである。そこでは、ハンムラビ法典が規定するように平等に分けるのではなく、長男が他より多くの分け前を取るのが普通である。現代の日本でも、法律上は平等に遺産を相続することになっているが、さまざまな場合があり争いが絶えないようである。

(44) 母親の愛

❡ 雌犬が言いました。「黄色であろうが、まだらであろうが、あなたたちは、私のかわいい子どもたちなのよ」。

❡ 雌牛は、ぬかるみを、子牛は、乾いた土地を通っていく。

　これらは、母親の子どもに対する愛情を表したものである。前者のように言われた子どもたちは、立派に育っていくのに違いない。後者では、母親は子どものために苦労を厭わないものであるということを表している。
　「勉強ができなくても、運動ができなくても、あなたたちは、私のかわいい子どもたちなのよ」となかなか言えない現代人は、古代人と比べて進歩したのか、それとも退化したのか。

---

(45) 原罪

❡子が罪を持たないどのような日にも、彼の母は子を生まない。人が罪を持たないということは考えられない。昔から、ありえないことである。

　これは、人間は生まれながらにして罪を持っているという主張であり、キリスト教やユダヤ教の原罪に相当するものである。多神教のバビロニアの宗教体系のなかで、どのようにしてこの考えが出てきたのか、残念ながら、私にはわからない。
　旧約聖書とバビロニアの文学作品との類似性は、たびたび指摘されてきた。ノアの箱舟の原型が「ギルガメシュ叙事詩」であり、出エジプト記には「目には目、歯には歯」で知られるハンムラビ法典とまったく同じ記述があるのである。そして、上記の格言を見れば、旧約聖書を書いた人たちが、バビロニアの文化に強く影響を受けていたことは疑いえないことであると言えよう。

---

(46) 報い

❡侮辱する人は侮辱され、嘲笑する人は嘲笑される。

永久に生きるとは

　これは無闇に人をばかにしてはいけないという教え。「己の欲せざるところは人に施すなかれ」ということでもあろう。
　私が30歳のころ、宿泊したホテルで、某高校の先生二人と会食をした。酒の勢いもあり、私は「日本の大学生の二、三割は中学生ぐらいの学力しかありません。たとえば、H大学の工学部には二次方程式がろくに解けない学生がいます」と解説した。すると真向いの先生が「息子がそこなんです」と小声で言った。しゃべった言葉は取り返しがつかなかった。

発言は、逃走したロバのように、帰ってはこない。

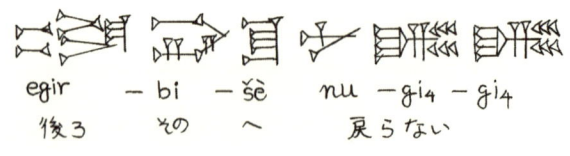

eme － gu_{10}　anše － kar － ra － gin_7
言葉　　私の　　　ロバ　　逃走した　　ように

egir － bi － še　nu － gi_4 － gi_4
後ろ　　その　　へ　　戻らない

　その十数年後、今度は私の息子が見事にH大学合格を果たした。

（47）激昂

> 激昂する人は、職長になれぬ。羊飼いは、農夫になれぬ。

シュメール語**ウグラ**（職長）は、兵士、労働者、職人などの集団を統率する人のこと。まとめ役であり、興奮しやすい人には不向きであったのであろう。職業には向き不向きがあるというこの格言は、現代でも通用する。

ある時、私はマンション建築禁止の仮処分を求める住民側の代表として三人の弁護士とともに法廷で会社側と対峙していた。会社側の説明に対して、私たちのＳ弁護士が執拗に問題点を追及したとき、相手側のＮ弁護士は、激昂して「何言ってるんだ！」と怒鳴った。彼は会社側のもう一人の弁護士にたしなめられて「私は、あなたたちが有利になるようにと思って説明しているんですよ」と訳のわからないことを言った。私たちは唖然としてＮ弁護士の顔を見ていた。裁判官の目の前で激昂し辻褄の合わないことを言う人は、弁護士には不向きであるに違いない。

> (48) 任せよ

> 畑を耕す人に畑を耕させ、大麦を収穫する人に大麦を収穫させよ。

　これは、いろいろな仕事にはその道の専門家がいるから、その人に仕事を任せよという格言。「餅は餅屋」ということであろう。

　私が高校に入ったとき、母は大工のEさんに頼んで物置を改造して私の勉強部屋をつくってもらおうとした。Eさんはトイレ（というより便所という言葉が似つかわしい）との境を指差し「ここは厚い板を打ってやっからな」と張り切って言った。出来上がった三畳の部屋の内側は、そこ以外はベニヤ板であり、だんだん撓んできた。できた隙間から中を見るとベニヤ板と外側のトタン板の間には何もなかった。したがって、夏は暑く、冬は底冷えがした。私は母から工事代金のことを聞いていたので、文句は言えないと思った。なお、Eさんは、納屋などをつくるのが専門の大工さんであり、地元では「便所大工」と言われていた。

(49) 黄泉への道

豚の屠殺人は、泣き叫ぶ豚を屠殺しようとして言いました。「お前の先祖とお前のおじさんたちが行った道をお前も行くのだ。なぜ、そんなに泣き叫ぶのか」。

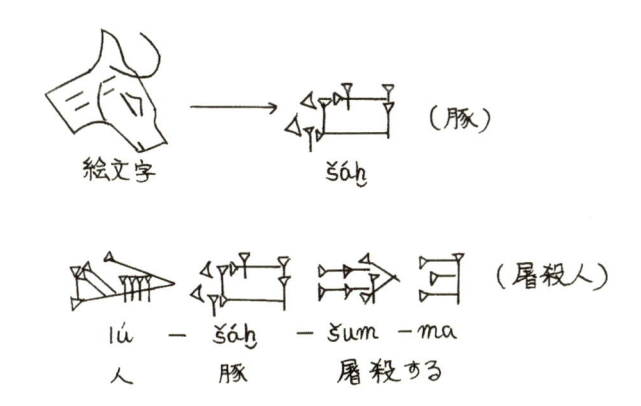

絵文字 → šáḫ （豚）

lú - šáḫ - šum - ma （屠殺人）
人　　豚　　屠殺する

　これは豚の宿命を嘲笑ったものであろう。しかし、古代人たちは人間もまたこの宿命を逃れられないことを知っていた。彼らは、人が死亡することを「運命へ行く」と表現したのである。
　祖父が80歳ごろの話。還暦をむかえた近所の人が「あと何年生きられるかを考えると嫌になる。平さんは？」と祖父に尋ねた。祖父は「おれは、そういうことを考えないから」と答えた。あの世への道を考えないようにする人というよりは、まっ

たく考えない人であった。祖父は、老人ホームで職員の方々から「平ちゃん」とかわいがられて、96歳と5か月で「運命」へと行った。

---

(50) 迷信

川に水を注ぐな。ネズミが浮かび上がってくる。

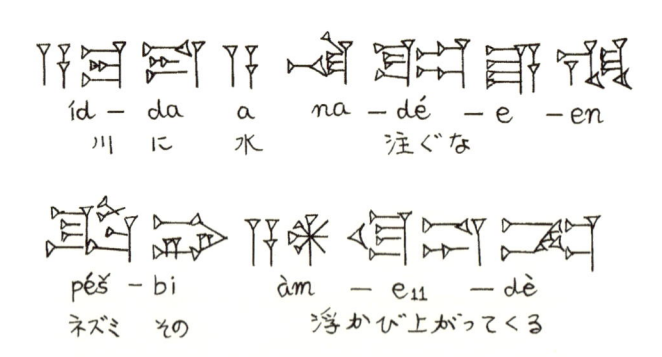

íd – da   a   na – dé – e – en
川   に   水   注ぐな

péš – bi   àm – e₁₁ – dè
ネズミ その   浮かび上がってくる

　この格言の意味はよくわからないが、おそらく水を大切にせよということであろう。「ネズミが浮かんでくる」という表現は、何らかの迷信と結び付いていると思われるが、今となっては不明である。
　私が四、五歳のころ、家の前の側溝の水はきれいであった。

そこで、洗い物をする家もあり、水も飲めた。したがって、子どもがそこに小便をすると大人から怒られた。私はよく祖母に「ちんちんが曲がるよ」と言われたものである。

---

(51) 分別

計算を知らない精神は、分別を持った精神か。

šà　níg-šid　nu-zu　šà　igi-gál-tuku
心　こと　計算する　知らない　心　知恵　持つ

　これは、簡単な計算ができない人は物事の判断力もない、という書記の自負から出た言葉である。シュメール語**ニグカ**（計算、会計）は、「数えること」という意味であった。
　私は、予備校で二十数年間数学を教えてきて、数学が論理的思考力を高めるのにも役立つということを確信するようになった。受験の数学は問題を解くことが主眼であるが、そのなかにも背理法、数学的帰納法、そして無限級数の定義など、物事を根本的に考えさせる題材がたくさんあるのである。しかしながら、「数学を学んだ人は、分別を持った人になる」という命題

は偽である。反例は、私の場合を含めて、数多く存在するのに違いない。

---

(52) 見掛けによらず

私の心ではあなたは人間。しかし、私の目にはあなたは人でない。

　このように言われる人とは、どんな人なのであろうか。みすぼらしい身なりではあるが、立派な人物ということであろう。日本語の格言にも「ぼろは着ても心は錦」とある。
　二十数年前、私は毎週名古屋に出講していた。名古屋は地下街が発達しており、そのせいもあり浮浪者が多かった。ある時、地下街で迷い人気の少ない通路に出た。そこでは浮浪者が座ったり寝転んだりしていたが、ふと見ると一人が聖書を声を出して読んでいた。若かった私は「何もこんなところで読まなくても」と思ったが、彼の行為に思いを致すことができなかった。

(53) 失踪

彼は逃げに逃げて、彼の過去から逃げた。

al -kar -kar -re　egir -ra -ni　al -kar
逃げ回っている　　　　彼の過去　　　　逃げた

　これは、おそらく、借金で首が回らなくなった人が自分の過去を隠して逃げ回っている様子を表現したものであろう。
　もう三十年以上前の話である。従兄がある証券会社の仙台支店に赴任してきた。私は数回飲食を供にし、彼の婚約者にも紹介してもらった。ある時、会社の上司という人が私を訪ねてきて、従兄の失踪を知らせてくれた。客の株取引の損失を埋め合わせようとして、深みにはまったらしい。その後、当の上司が偶然にも市内のパチンコ店で従兄を見つけ「室井じゃないか」と声をかけたところ、「いいえ、違います。サイトウです」と答えて立ち去ったという。婚約者は従兄の住んでいたアパートの近くに部屋を借りて帰りを待っていたが、彼は帰ってこなかった。

永久に生きるとは

彼女は一年間待ち続けたが…。

(54) 静かなる男

貧乏人は、国の無口な人々。

úku　si-ig　kalam-ma-ka
貧乏人　静かな　国　　の

　シュメール語**ウク**は、「貧乏人、乞食」を意味した。彼らは社会的地位が低く、発言する機会もなかったのであろう。上記の他に「貧乏人は、価値がない」などと、貧乏人や乞食を揶揄した言葉がたくさん残されている。

　私が四、五歳のころ、村には二人の乞食がいた。一人は復員兵でいつも飯盒を持って足早に歩いていた。もう一人は、小太りの老人で髪と髭が伸び放題であった。彼らは別々に家を回り小銭や残飯などをもらっていたが、二人とも無口であった。ある時、私たちはその老人のあとを付けていったが、しばらくすると老人は振り向いて私たちに5円ずつお金をくれた。当時でも5円では何も買えなかったが、私はうれしかった。祖母に報告すると「あら嫌だ。おもらいさんにお金をもらうなんて」と笑われた。その後、老人は山の麓で熊と間違われて猟師に射殺された。首に紐で吊してあった貯金通帳には少なからぬ金額が記載されていたという。

(55) 義理

> 彼にはどうでもよい祝祭に、彼は出席した。

　古代では現代よりも宗教的行事が多かったことであろう。社会の一員として、気が進まない祝祭にも参加せざるを得ないことは多々あったに違いない。村落共同体では義理が大切なのであった。

　T大学のI先生が誘うので、私と同僚のS先生はある神社を訪れた。あたりはすでに暗くなっていて我々以外には誰もいなかった。I先生は、お賽銭を投げ入れ真剣に手を合わせていた。私は社殿の中に薄明りがついていて人気があるのが気になっていた。振り向くとS先生は離れて立っていて、「気味が悪い」と言った。彼は、キリスト教の洗礼を受けているとのことだった。

　日本では信教の自由が保障されている。これは大切なことだと私は思う。この点に関しては、現代日本のほうが、古代メソポタミアより少しだけ進歩していると言ってよいだろう。

(56) 夜も眠れず

銀を持つ人は心楽しい。麦を持つ人は心安らか。(しかし)、家畜を持つ人は眠れない。

　お金や大麦などの財産より家畜という財産を守ることのほうが難しいということ。家畜の所有者は、家畜が逃げ出さないか、盗まれはしないか、狼などに襲われはしないかと気が気ではなかったようである。なお、ハンムラビ法典によれば、盗人は状況に応じて、殺されるか、または盗品の 10 倍ないし 30 倍を償わなければならなかった。

　今は銀行も倒産する時代であり、財産をどこに預けたらより安全なのか、悩む人も多いことであろう。幸い私には「夜も眠れず」となるような財産はないが、はらはらどきどきする財産を持っていたことがある。それは、仕手株である。一日の値動きが給料一か月分に相当し、毎日が気が気ではなかった。自分には不向きと手仕舞ったが、いい経験をしたと思った。そして、Ｓ先生の言葉「人は、自分の得意なところで、勝負をすべきですよ」を思い出した。「得意な分野」……これがまた難しい問題なのであるが。

（57）心配の種

> 彼は物持ち、物見張り。

　これは、財産を持てば持つほど盗まれはしないかと用心しなければならなくなるという格言。蓄財にいそしむのは人間の常であろうが、そこには次のような不安があったのであろう。

> 豊かさは過ぎ去り、貧乏が忍び寄り。

　私は特別養護老人ホームの入所者マキちゃんに好かれていた。「マキちゃん、年いくつ」「18」。80は超えていただろう。帰るときは、いつも「セナ（長兄）が馬引っ張って来っから、泊まってけ」と私の腕を離さなかった。このマキちゃんと犬猿の仲であるおばあさんはいつも風呂敷包みを首にかけていた。「この人に盗まれる。……が盗まれる」と呟いていた。あるとき、そのおばあさんがテーブルに包みを解いているところを私は見た。そこには、ぺしゃんこになったアンパン二個と少量のお菓子があった。

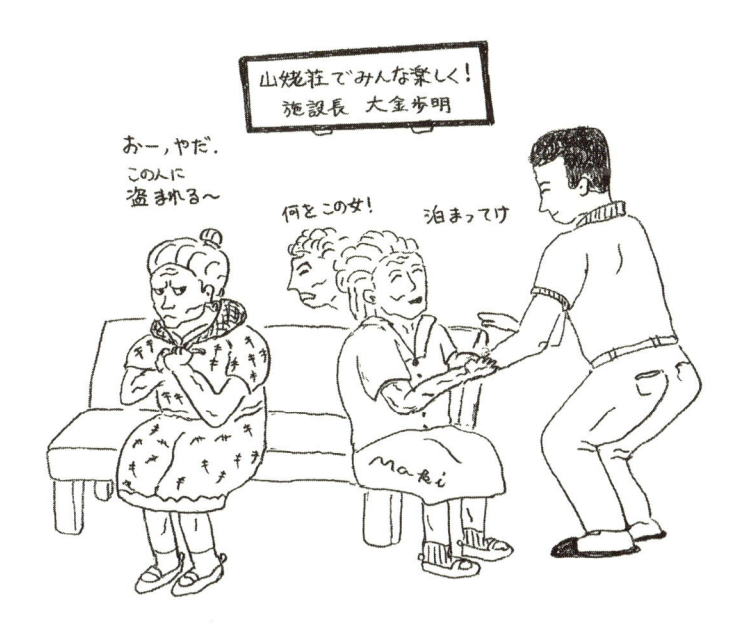

シュメール語のことわざを通して見る人間社会

（58）逃がした魚は

> それに関して良きことは見つけること。それに関して悪しきことは失うこと。

　これは一種の謎々とも考えられる。「それ」とは何か。お金、食物などの何らかの価値のある物であろう。人間は昔から「物」に執着してきたのである。
　小学校の夏休みのとき、川へ魚を捕りにいった。私は泳ぎも魚捕りも下手で、その日も小さな鰍(かじか)が二、三匹捕れただけだった。友人たちは岩場に潜り鉄砲やすで山女を捕っては誇らしげに見せてくれた。帰るとき、みんなの後を付いていった私は、偶然浅瀬に一匹の鰻を見つけ手で捕まえることができた。仕掛けにかかって弱っていたのであろう。私はうれしくなり、みんなに鰻を見せびらかしたが、それをガキ大将のO君が見ていた。彼は「これと交換してくれ」と言って、大きめの鰍を一匹差し出した。どう見ても等価ではなかったが、文句は言えなかった。祖母に報告すると、「バカだねぇ」とほんとうに残念そうな顔をした。祖母は鰻の蒲焼きが大好きなのであった。

シュメール語のことわざを通して見る人間社会

> (59) 耳触り

𒀹 心地良い言葉は、すべての人の友だち。

𒀹 破壊的言葉は、軛(くびき)につながれた四頭の雄牛。

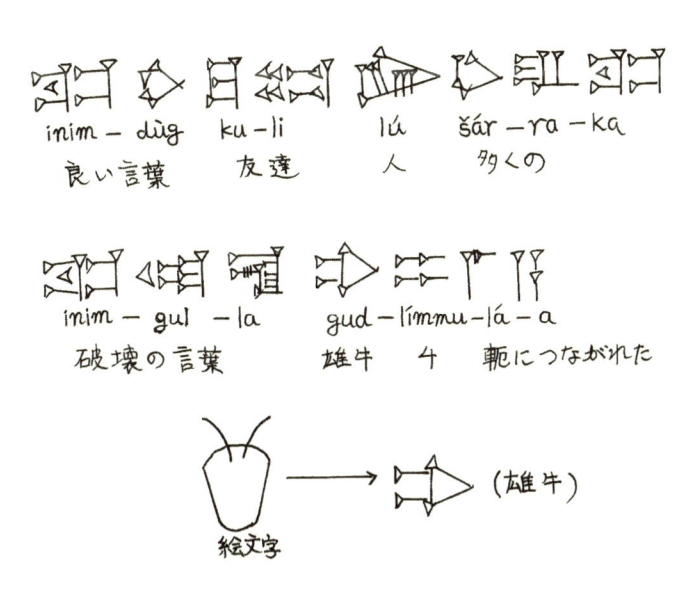

inim – dùg　　ku-li　　lú　　šár-ra-ka
良い言葉　　　友達　　　人　　多くの

inim – gul – la　　gud-límmu-lá-a
破壊の言葉　　　　雄牛　4　軛につながれた

絵文字　→　（雄牛）

　これらは、人は他人から褒められたりするとその人と友だちとなり、逆に、侮辱の言葉を投げかけられるとその人との関係は解きほぐすことが困難になるほど悪くなるということを表し

ている。

　ある生徒が四月の最初の授業の後で私のところへやって来て言った。「高校の授業と全然違う。すばらしい。感動しました」。私は、こう言われたのは初めてであったので「大したことありません」と言ったが、内心はうれしかった。その数年後、彼の妹が入学してきて、兄が精神科医になったと報告してくれた。彼女に昔話をすると「兄なら、そういうこと言うかもしれませんね」と笑った。妹のほうがしっかりしていた。

---

(60) 貴賓席

安いビールを飲ませてくれ。高い席に座らせてくれ。

　「安いビール」は意訳であり、原語は水で薄めた品質の良くないビールを意味する。このような安いビールを飲むような人が、「名誉ある席」を要求しているところがおもしろい。

　東京から来ていた数学のＴＵ先生は私と同じ年であった。彼の従姉が私の家の近くで開業医をしており、息子が小さいときお世話になったことがあった。ある時、彼と仙台の老舗のバーへ行きカウンターに座った。彼は高級ブランデーを次々と注文し、私にも勧めた。帰るころには相当酔っていて、彼は高椅子から転げ落ちた。床に座り込んだ彼は「これで払っておいてくれ」と言って私に財布を渡した。開けてみると、中には千円札

シュメール語のことわざを通して見る人間社会

が数枚しか入っていなかった。仙台へ出講しなくなって数年後、酒とタバコのせいか、彼は喉のガンで亡くなったと聞いた。

（61）理想像

❜手が口に匹敵する書記、彼こそ書記である。

　これは、口述筆記ができる書記が理想であるということ。楔形文字は画数の多い文字もたくさんあり、また葦でつくったペンで粘土に陰刻する書き方では、それほど速く書くことはできなかったと思われる。
　高校の恩師、数学の滝沢先生はいつもにこにこしていて楽しそうに授業をしていた。チャイムの音とともに教室に入ってきて、チャイムの音とともに授業を終えた。毎週試験をおこない成績を公表した。少し辛かったが、我々は先生を信頼していた。どのような質問にも適確に対応してくださり、我々には先生がすべての入試問題を知っているかのように思われた。私は予備校で数学を教えて二十数年になるが、まだ先生の域に達していない。

（62）蛇の道は

❜木の心より出たものは、木の心により知られる。

これは、仲間うちのことはその仲間が一番よく知っているという格言であり、「蛇の道はへび」に相当しよう。シュメール語の後置詞**タ**は、「〜より（出る）」と「〜によって（知られる）」の二つの意味があり上記の格言では韻を踏んで用いられている。

私は数学粘土板文書を多数解読してきたが、その際、予備校で数学を教え、問題を作成し、答案を採点してきた経験が役立った気がする。バビロニア数学の内容と現代の大学入試問題の知的レベルが近いのである。ある時、未解読の文書をほぼ解読し英訳をつくったが、一つだけ気になることがあった。それは、古代の書記がどのようにしてこのように数値がきれいになる問題をつくったかということであった。問題をT先生に見せると翌日に彼は疑問を解いてくれた。私は書記の発想のすばらしさに感心させられた。なお、T先生は二十年前の教え子であり、問題作成と解く能力が一際目立つ人なのである。

---

(63) 食べ過ぎ

𒁹食うときは気持ちが良い。吐くときは気分が悪い。

これは、食べ過ぎて嘔吐したときの苦しさを表現したものであろう。原文は「**グーデ、アルドゥグ。グルーダビ、アルギグ**」と韻を踏んでいる。このように格言では、内容とともに語感が重要な要素となっている。

永久に生きるとは

　この格言の「食う」を「飲む」としたら、その意味がよくわかるという人は多いであろう。私も若いころは深酒をし、二日酔いで授業をしたこともあった。一度だけ、トイレに駆け込んだこともあった。しかし、今はそのような先生はいない。昔はよくいた大酒飲みがいなくなってしまったのである。

---

(64) 戒律

　高僧は魚を拒否し、ニラネギを拒否し、そしてカラシナも拒否した。

　これは、何らかの宗教上の理由で、僧は魚や匂いの強い野菜を忌避したことを意味する。禅寺などの標語「葷酒山門に入るを許さず」と似ている。
　妻の祖母の葬儀でのこと。高齢の坊さんは手が震えていたが、コップの水を飲み干すとお経を唱え始めた。最初はおぼつかない感じがしたが、だんだんと声に張りが出てきて、木魚を叩く音にもリズム感が出てきた。私はさすがに年季が入っているな、と感心した。しかし、後で妻に聞くと、コップの中味は水ではなく日本酒であった。現代日本での戒律は、おおらかなようである。

シュメール語のことわざを通して見る人間社会

---
(65) 本心

嫁のうれしい気持ちは、怒りの気持ち。

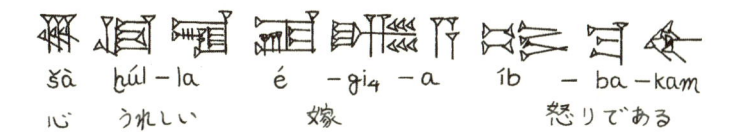

šà　húl-la　é-gi₄-a　íb-ba-kam
心　うれしい　嫁　　　　怒りである

　これは、嫁というものは、舅や姑に遠慮して、表面上はうれしがっているが内面では怒っているものだ、ということであろう。今も昔もこの問題は難しいに違いない。
　私の母は掃除好きだった。朝夕の食事の前に部屋を掃除し、食事後はすぐに食器を洗った。そうしないと落ち着けない性格であった。一方、妻はのんびり屋で、年数回栃木に帰省したときも「全部、お母さんがしてくれるので楽だわ」と座っていた。私は、将来いっしょに暮らしたとき、母が妻とうまくやっていけるかどうかが心配であった。しかし、その心配も無用のものになった。

(66) 名前

❡ 武器は、彼の名前を見せず、彼の肉体を見せる。

ここでの「彼」とは戦闘用の棍棒で打ち倒される相手のことである。これは、戦争で人を殺すということは、相手がどのような人間かを考えずに、死体だけを残すことであるということを痛烈に批判した言葉である。異なる表現に、

❡ 武器は、あなたの名前を見せず、あなたの肉体を見せよ。

という少し怖いものもある。いずれにしても、書記たちの冷徹さがうかがえる表現であろう。次の「名前」を含む格言には、書記の自尊心が見てとれる。

❡ 君は書記であるのに君自身の「名前」を知らない。恥を知れ！

これは、書記の教科書の基本事項を知らない書記見習いを叱った言葉であろう。シュメール語の **ム** は名前の他に「評判、名声」の意味を持ち、ここでは掛け言葉として用いられている。なお、この **ム** は、ピタゴラス数を記した有名な数表の表題の一部に「その名前」と出ている。

河合塾理事のＮさんは、独特の口調と説得力ある話の内容で各地の進学講演会で引っ張り凧であった。とくに人の心に残る

シュメール語のことわざを通して見る人間社会

𒈬 (名前)
mu

𒐈 𒐏𒐋 = $3 \cdot 60^2 + 45 \cdot 60 = 13500 \ (= l)$
3　45

𒐈 𒌍𒐊 𒐏𒐙 = $3 \cdot 60^2 + 31 \cdot 60 + 49 = 12709 \ (= b)$
3　31　49

𒐊 𒐚 𒐕 = $5 \cdot 60^2 + 9 \cdot 60 + 1 = 18541 \ (= d)$
5　9　1

これら三数は、数学粘土板文書に出てくるもので

$$d^2 = l^2 + b^2$$

を満たす。しかも、l, b, d を共通に割る整数はない。これらは、ピタゴラスの三つ組と呼ばれるものであり、直角三角形の三辺の長さを表す。この場合、かなり直角二等辺三角形に近く、θは約43.3°である。バビロニア人は (l, b, d) の組を求める方法を確立していたのである。

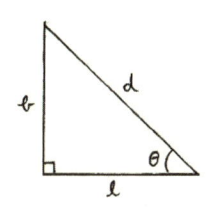

造語がうまかった。ある懇親会でのこと。進学校の先生方の前で大きなミスをした講師に私が言及したとき、Nさんは「能力の限界、学力の限界、（一秒の間を置いて）知性の限界」とその講師を酷評した。私は「予備校講師として、恥を知れ」ということだと理解した。しかし、彼を選んだのは、教務ではなかったのかと思うのだが……。

---

(67) 気にするな

一寸のことさ。君を傷つけることをなぜ言うのか。

これは、おそらく、何らかの失敗をした人に対する慰めの言葉であろう。原文では、前半と後半が罫線で分けられているので、それらは単独でも使われた警句と思われる。

入学試験問題の解答速報をつくることは我々予備校講師にとって緊張する仕事であった。試験終了後、ただちに問題を入手し短時間のうちに「模範解答」をつくらねばならない。どんな難問でも解けないといけない。受験生と進学校の先生方が注目しているのである。数年前のこと。その作業の後、同僚たちと深夜まで酒を飲んだ翌日、教務からの電話で起こされた。「6番の答えが他の予備校のものと違っていますが……」。ファックスで送られてきたその解答を見てすぐに自分たちの誤りに気づいた。不注意から1を足し過ぎていたのである。茫然自失。

日頃、若い先生方に厳しいことを言っていた私が、ある先生の単純なミスを見逃してしまったのである。一寸のことであったが、自責の念はなかなか消えなかった。

（68）応報

親切は、親切にしてくれた人へなされるべきだ。

　これは「情けは人のためならず」と比較される格言である。趣旨は同じであるが、表現はより直接的である。そもそも、楔形文字は漢字より直接的な絵文字なのであった。たとえば、男や女を表す楔形文字はそれぞれの性器の絵文字から発達したものであった。格言にもこの傾向は見られ、わかりやすい反面、深みに欠けるものもあるのである。

　K先生に10年ぶりに再会した。先生の母校でもあるK高校の講習に何度か講師として招かれ、歓待を受けた。生徒たちの笑顔、授業の後の名所巡りなどの思い出を語り合った。私が「あのころ、先生はお幾つでしたか」と尋ねると「今の室井さんぐらい」と答えられた。私は、当時のK先生と自分を比較して、少し恥ずかしかった。「最近の出張は、日帰りが多くて疲れる」というK先生を仙台駅まで見送り、再会を期した。

永久に生きるとは

---
(69) お似合い

🍸 不倫の男性性器は、不倫の女性性器に与えられる。

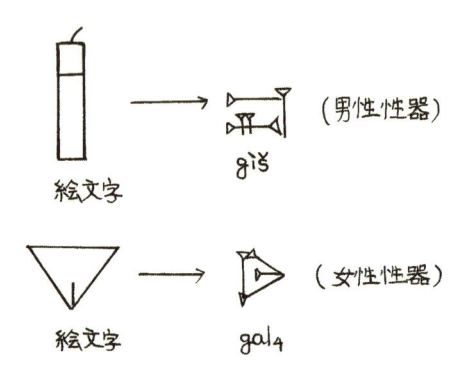

絵文字 → giš （男性性器）

絵文字 → gal₄ （女性性器）

　これは、不倫とは男女二人で成されるものだということを露骨に表現したもの。「不倫」の原語は**ルル**であり「不正の、間違った」を意味し、数学文書にも「仮の（答）」の意味で出てくる。
　新聞報道によるとT大学助教授がセクハラで女子大生から訴えられたという。彼は大学の同級生であり、研究者として国際的にも活躍していると聞いていたので、私はその報道が信じられなかった。しかし、彼の研究室にいた人からそれが事実であることを知らされた。私は、その時、「下半身に人格はない」という言葉を思い出した。上記のシュメール語の格言が暗示す

るように、不倫相手は、捜せば、必ずいるのである。それが学生であってはならない。私は、彼が今回のことを反省し、研究者として立派な業績を残してくれることを願っている。

---

(70) ご用心

開けた口には、ハエが入ってくる。

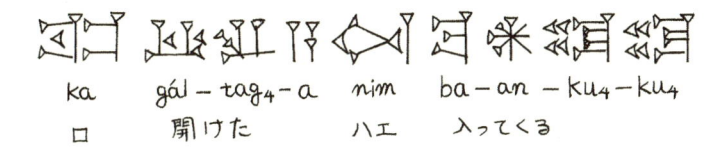

ka　　gál-tag₄-a　　nim　　ba-an-ku₄-ku₄
口　　開けた　　　　ハエ　　入ってくる

　これは、気を緩めていると不愉快な目に遭うから注意しなさいという格言。昔は衛生状態が悪くハエなども多かったと思われる。書記の教科書には、ライオンのハエ、牛のハエなどいろいろなハエの種類が記されている。

　私の場合は、「開けた口に、針が入ってきた」のである。歯の治療中、医師が誤って歯を削るドリルの針を落とした。口を開けていた私は、それを飲み込んでしまったのである。内科でレントゲン写真を撮り針を確認し、救急病院で胃カメラを飲まされて針を取ってもらった。大変な経験をしたが、生まれて初

めて救急車に乗り、その乗り心地が良くないことと尿瓶がぶら下げられていることを知り、私はなぜか得をしたような気がした。

---

(71) 幻影

子を生んでいない雌牛のように、あなたは存在しないあなたの子牛を捜し回っている。

áb   nu－tu－da－gin₇   amar-za   nu-me-a
雌牛 出産しない   ように   あなたの子牛 存在しない

mi－ni－ib－kin－kin－e－en
あなたは捜し回っている．

現実にないものを捜し回ることの愚かさを比喩的に表現したもの。しかし、単に嘲笑したものではなく、人は大切なものを失ったとき、しばしばこのような行動をするものだ、と述べているのであろう。

特別養護老人ホームのマキちゃんは、身寄りがいなかったようだ。ある時、私の腕や服を撫でながら「いい体してるね。このくらいが、ちょうどいいんだよ」と言ったが、その他は意味不明であった。彼女の話には、いつも「兄、馬、赤ちゃん、生きている」などの言葉が脈絡なく出てきた。そして、私をいつも離さなかった。マキちゃんは、私のなかに昔の恋人か夫の幻影を見ているに違いないと思った。

(72) 後の祭り

雌豚がいなくなった後、彼らは腰を下ろして待ち、彼らは豚小屋を補強した。

豚がいなくなる前に小屋を補強すべきであるということ。いなくなってから補強しても後の祭りである。日本語にも同様な格言がある。「盗られた後の戸締まり」や「泥棒を見て縄を綯(な)う」がそれにあたるであろう。
　私の住む集合住宅の駐輪場からたびたび自転車が盗まれた。私も被害に遭ったが、中には新品を含めて３台も、という人もいた。そこで管理組合が複数の防犯カメラを設置したところ、自転車の盗難はなくなった。しかし、敵も然る者、ひっかく者。今度は、カメラの死角にあった車が荒らされた。

> (73) 隣の牛は

見知らぬ人の牛は草を食べ、私の牛は空腹で横たわり。

　これは「隣の花は赤い」に相当する格言。人は、自分のものより他人のもののほうが良く思え、また欲しがるものである、ということを言ったものである。「花」ではなく、「牛」であるのがメソポタミアらしい。
　私が子どものころ、おもちゃの拳銃コルト 45 は簡単には買ってもらえないものだった。私は、母に無理を言って、ガンベルト付きの二丁拳銃を買ってもらった。ベルトはビニール製だったが、銃は黒でずっしりと重かった。これを見た近所の年上のH君が、彼のものと交換しないかと言ってきた。彼のベルトは本革製であったが、銃は一丁でしかも銀色であった。私は気が進まなかったが、交換に応じた。母には「革のほうが高いんだから」と言っておいたが、何だか悪いことをしたような気がしていた。それから少し後、H君が「交換は、やめた」と言ってきたとき、私は少しほっとした気持ちになった。

(74) 教訓

❢ 分配に従え、お前の母を喜ばせよ。全力で駆けよ、お前の神を喜ばせよ。

　これは、おそらく父親が息子たちを諭した言葉。遺産相続などで揉め事を起こさず、母親を安心させ、また、物事には全力で取り組み、守護神から気に入られるようになれ、と教えているのである。
　紀元前26世紀ごろから伝わる文学作品に「シュルッパクの教訓」がある。これは、父親が息子に与えた処世訓であり、「～するな。～すれば、～であろう」という言葉が続いている。そのなかには、次のようなものがある。

❢ 人の娘を犯すな（「犯す」の原意は、「暴力で男性性器を出す」）。法廷に訴えられるであろう。

　そして、父親はいろいろな忠告に関して、「私の言葉に背くな」と念を押しているのである。

(75) 悪巧み

狐が悪巧みを思いついて言いました。「私たちは、それを捨てる。私がそれを川に持っていく」。

狐は言葉巧みに何かを捨てることを提案し、それを自分が代行してやると言っている。途中で自分のものにしてしまう腹積りであろう。

離婚した父が死亡し、再婚相手のT子さんから遺産相続の放棄を求める手紙が届いた。私は、父に男としての責任を全うしてもらいたいと考え、法律通りにしてほしいと返事を書いた。するとT子さんから電話があり「おわかりですか。うちには借金があるんですよ。借金も相続するんですか」と捲し立ててきた。そのうえ、私の母や祖父を侮辱する言葉を聞かされて、私は弁護士を立てることを決心した。

父の財産は微々たるものであった。私は資産価値のほとんどない古い家を相続したが、これで母が言っていた「20年間、養育費は一銭ももらえなかった」ことに決着をつけることができたと思った。

シュメール語のことわざを通して見る人間社会

---
(76) 権威

権威者が何を言っても、それは不愉快。権威者が何を言っても、それは正しくない。

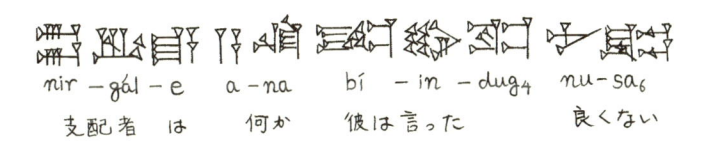

nir-gál-e　a-na　bí-in-dug₄　nu-sa₆
支配者　は　何か　彼は言った　良くない

nir-gál-e　a-na　bí-in-dug₄　nu-zi
支配者　は　何か　彼は言った　真実ではない

　これは、権威あるものは大衆から嫌われるものだということである。また、ここに書記の反骨心を読み取ることもできよう。一方、日本人は一般に権威に弱いと言われる。物事を自分で考え、判断を下す習慣が根付いていないことに原因があるのかもしれない。
　受験生は一般に「東大」という権威に弱いようである。東京から来ていた数学のⅠ講師はなぜか「東大理学部卒」や「工学部卒」ではなく、「東大理一」と自称していた。授業中「内積の概念は小五のとき、わかった」などと豪語し、生徒に絶大な

人気があった。私は、たまたま彼の解答を見る機会があり、文系の人と直感した。東京の知人に聞くと東大法学部卒であり、司法試験に何回も落ちているとのことだった。ようやく彼は、司法試験に合格し、予備校を去っていったが、私は彼が裁判官にはならないことを願っている。学歴詐称は犯罪なのだから。

---

(77) 両立しがたし

計算の書記は、粘土が駄目で、粘土の書記は、計算が駄目である。

　粘土板をつくるのが上手で、かつ計算もできるという書記は少数であったのであろう。どちらも書記の仕事ではあるが、要求される能力は別物である。
　生徒に人気のある予備校講師が他と比較して、とくに学力があるとは限らない。逆に、数学の力はあるのだが、生徒の人気は今一つという講師は少なくない。自分で理解することと生徒にうまく説明することは別物のような気がする。さらに、予備校講師には生徒に対する「指導力」が要求されている。これらの能力をすべて持つ講師は間違いなく高給取りである。えっ？ 私の場合？　私はそのような有名講師になりたいとは思わない（なれないが）。なぜならば、自分の時間がなくなるからである！

(78) 朱に交われば

高きに従い、高きを知る。知恵に従い、知恵を知る。

　立派な人物に付き従っていると、その偉大さがわかり、また、知者に従っていると、その知恵がわかる、という意味である。したがって、この格言は「朱に交われば赤くなる」を良い意味で使った場合に相当しよう。なお、シュメール語**スクドゥ**「高いこと、高さ」は数学文書にも立体の高さとして出てきている。

　高校での同級生Ｏ君は優秀であった。勉強ができるだけでなく、社会問題についても自分の意見を持っていた。医療過誤にあった母親と障害を持った弟のことを話してくれ、医者になりたいと言った。私は、「宇宙の果てはどうなっているのだろう」とぼんやり考えている自分が、少し恥ずかしかった。Ｏ君は現在、某医大講師を兼ねながら郷里で開業医として活躍していると聞く。

(79) 厚かましい

「私は、君の新しい倉庫を私の古い干し草で一杯にしたい」と彼は言った。

ここの「彼」とは、他人の物を利用して利益を得ようとする厚かましい人のことである。日本語の格言「人の褌で相撲を取る」に相当しよう。新しい倉庫に古い干し草を入れるという表現が、おもしろい。

　もう時効となった出来事。K先生が編集したT大理系数学のテキストには、問題の傾向と対策が書かれていた。よく見ると、それは私がその二、三年前に書いたT大文系の傾向と対策の文章そのままであった。私はそのことには触れず、内容がT大理系ではなく文系ではないかと指摘した。するとK先生は一瞬考え込んだが、「私はT大理系とは書いていません。T大の傾向はこうだと言っているのです。当然、文系の数学も入っています」と言った。牽強付会。私は、20歳も年上の人の顔を見て情けないと思った。

（80）誰のため

▽「走れ」は王の命令。私の銀のため、私の金のため、私の鍋釜のため、私は成し遂げる。

　王の無理な命令に対しても人は自分の財産を守るため従わざるを得ないということ。古代でも「王のため、国のため」と思って働いていた人は少なかったのであろう。自分のためであった。
　私は疲れて帰宅したとき妻に「お前たちのために働いている

んだ」と恩着せがましく言う。妻答えて曰く「何をおっしゃる和男さん。自分のためでしょう。長年の付き合いでわかりますよ」。ところが最近はこれが「ありがと。もっと働いて」になった。

---

(81) 先送り

「今日、行きたい」は羊飼い。「明日、行きたい」は羊飼いの少年。「行きたい」は「行きたい」であり、時は過ぎゆく。

これは、面倒なことに関しては意見が一致せず、結論が先送りされて、徒らに時間だけが過ぎていくものである、と述べたものである。

栃木県のN町付近を新幹線で通ると車窓から「那須野原に国会を」という横断幕が見えた。「栃木弁が標準語になるんだ」と豪語する人もいた。もう、あれから何年経ったであろうか。首都機能移転の議論は、先送りされ続け、そのうち忘れ去られるような気配である。

(82) 満腹のロバ

満腹のロバは、首にわらを積む。

　これは、おそらく、満腹になったロバは働こうとせず、重い荷物を運ばないものだ、という意味であろう。人間では「腹の皮が張れば目の皮が弛む」ということになる。授業中、居眠りをしてしまった経験のある人は、私を含めて、多いに違いない。
　女子校出身のWは数学だけが少し苦手であった。「先生、私もうダメ！　積分がわからない」と言いながらよく質問（とおしゃべり）に来ていた。服装と化粧は派手であったが、地道に勉強していた。ある日の午後の授業中、彼女の頭が揺れ出した。眠気を堪えようとして、アイシャドーをつけた彼女の大きな目が白目になったとき、私は鬼気迫るものを感じた。その後、H大学医学部に入学したWが予備校に遊びにきた。顔がふっくらとし、見違えるようであったが、おしゃべり好きは相変わらずであった。

$\int x^2 e^{-x} dx$
私もうダメー！

（83）不信心

❡ 自分の神を尊敬しない人は、荒野に投げ捨てられ、死骸は埋葬されず、彼の嫡男は、彼の死霊に管で水を飲ませないであろう。

これは、自分の守護神さえも信じない人に対しての戒めの言葉である。これによると、埋葬された死者には、**アラル**と呼ばれた何らかの管で水が供えられたことがわかる。

私は信仰を持たない不信心者であるが、栃木の実家を取り壊す際、仏壇だけはこちらに持ってきた。中には、母と祖母、そして私の知らない祖母の両親の位牌が入っている。私は線香を上げることさえしないが、妻が毎日、水とお茶を供えてくれている。

（84）自助努力

❡ 足の悪い人に杖を与えるな。エンリル神が手助けをするときに。

「杖」は意訳であり、原語は「神の武器」つまり戦闘用の棍

棒である。上記の言葉は、おそらく身体障害者を馬鹿にしたものであり、現代の道徳には反するものであろう。しかし、この点に関して、我々は古代人と違うと胸を張れるであろうか。

　私が小学校四、五年のころ、K君が町から転校してきた。彼は少し足が悪く差別語のあだ名をつけられていた。しかし、彼は明るい性格で勉強もできたので、そのうち誰もそれを口にしなくなった。中学では野球部に入り必死に練習をしていた。彼のスライディングは、隣で練習をしていた私たちサッカー部の間でも有名なものであった。K君と私は誕生日が同じであり、大学まで同じであった。

（85）暴露

　私は確かにしゃべった。（しかし、それで）私は何を手に入れたのか。私は何を誇張して言ったのか。私自身を隠して、私は何の利益を得たのか。

　この人は、何らかの秘密を漏らしたが、事実を言ったまでのことであると強調している。秘密を守らせるためには、利益を与えることが必要であったようだ。

　私はある小さな予備校に二年間勤務していたが、そこで私立大医学部の裏口入学の一端を実際に見ることができた。裏口入学は、社会構造に根差した部分があり、根絶するのは困難だろ

うと思ったが、おそらく現在もおこなわれているだろう。私は、そのような大学は、国からの補助金を辞退し、学生の募集要項に特別枠があることを明記すべきであると思う。

　入学金、何千万円（から）。先着何名様まで。学力不足、
　別途相談。

これなら、誰も文句を言わないであろう。

---

(86) お行儀が悪い

唾をして砂をかけないこと、白昼堂々とキスをする（？）こと、これらはウトゥ神（正義の神）が嫌うことである。

　このような行為は、古代でも見苦しいことと思われたようである。「キスをする（？）」の原語は**エメ・アク**で直訳すれば「舌を働かす」である。ある辞書には「話し合う（？）、キスをする（？）、性行為をする（？）」とあり、意味が確定していない。
　私は小さいとき、電車やバスに乗りたくて、行商をしていた祖父によく付いていった。ある夏の日、宇都宮に仕入れに行った帰りの電車のなかは、窓から入る風が涼しく心地よかった。その時、首にかけた手拭で汗を拭いていた祖父が「ンガァー、ピョ！」と痰を窓の外に吐き出した。すると隣のボックス席か

ら女の人の悲鳴が上がった。その「物」が風に押し戻され隣の車窓からその女の人の顔を直撃したらしかった。私は下を向いていたが、祖父は知らん顔であった。

---

(87) 物思い

▼ 私は水面を見詰めていた。私の運命が流されていくのを。

　これは、抗しがたい運命を冷静に表現した言葉であろう。人は、川の流れを見ていて物思いに耽るようだ。川の流ればかりでなく、人の流れ、車窓からの景色など、目の前を一定のリズムと速度で動くものに対して、人の目はそれらを見ているが、頭脳は他のことを考えていることが多いようである。
　帰りの通勤電車の中。外はもう暗い。車窓に映る自分の顔を見て、年を取ったことを実感する。いつまでも時間があるわけではない。何に全力を注ぐべきか。私にとってほんとうに大切なものは何か。私は何を残したいのか。どうしたらよいのか。ああでもない、こうでもない。いつも堂堂巡り。「次は、多賀城、多賀城です」のアナウンスで我に返った。

シュメール語のことわざを通して見る人間社会

> (88) 雨降って

口論の上に兄弟愛がつくられ、証言の場で友情が知られる。

　前半は「雨降って地固まる」、後半は「困ったときの友こそ真の友（A friend in need is a friend indeed）」に対応する。人と人の関係は、揉め事の後かえって結び付きが強くなることがあり、また、裁判沙汰などのとき、自分に有利に証言してくれる人こそ真の友人であるということである。現実には、口論の後でも、どうしても好きになれないという相手はいることであろう。
　A県の進学校出身のB子とC子は、予備校でも同じクラスにいたが、授業ではいつも教室の対角線の両端に位置していた（つまり、距離が最大）。質問に来たB子にC子の話をすると嫌な顔をした。教務に聞くと女子寮でも犬猿の仲であった。しかし、二人とも成績は良く、郷里の国立大医学部にそろって合格した。その後どうなったのか気にかけていたが、同じ大学に行ったWが「Cちゃん、Bちゃんと仲直りしようかな、と言ってるよ」と報告してくれた。

永久に生きるとは

(89) 正直者

正直な人は、健康で長生きしますように。

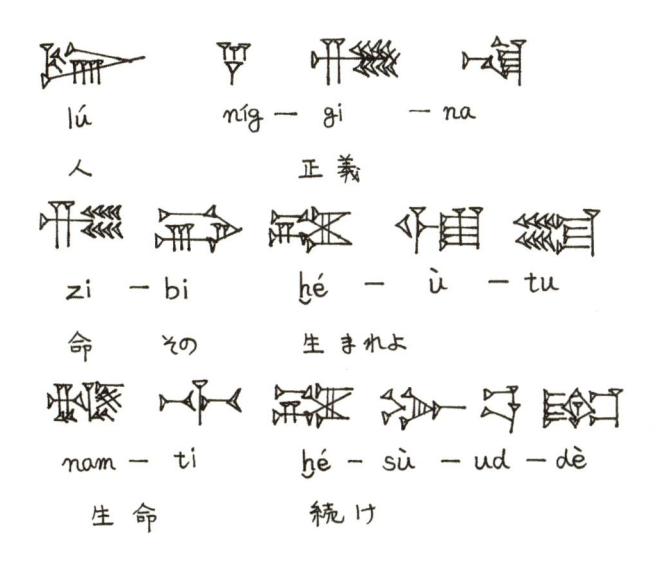

lú　　níg — gi — na
人　　　　正義

zi — bi　　ḫé — ù — tu
命　その　　生まれよ

nam — ti　　ḫé — sù — ud — dè
生命　　　　続け

　日本語の格言「正直の頭に神宿る」のように、正直者には神の助けがあるという意味である。現代の日本で、このような言葉を聞くことは稀になった。医学の発達により、長生きの要因として遺伝、食事、生活環境などがあることがわかってきたので、現代人の多くは、正直であることと長生きすることは直接

関係ないと判断するのであろう。

　なお、この格言のように正義を重んじると良いことがあるというものの他に、正義を重んじないと大変なことになるという「脅し」のような格言もある。

▼正義を捨てる人、彼の失う物は増大する。

　私が中学生のころ、母はよく「人に騙されてもいいから、人を騙すような人間にはなるな」と言った。私は黙って聞いていたが、「騙されるような人間にはならないよ」と思った。このころから私は自信過剰であったようである。母の死後、先物取引で大損し、うまく「騙された」ことを実感した。私は、正直な人間になりたいなどと思ったことはないが、母の忠告だけは心に留めておきたい。

（90）食通

▼犬が宴会に行きました。そこで（御馳走の）骨を見て、彼は立ち去りました。「私の行く所では、私はこれより多くのものを食べられるのだ」と彼は言いました。

　宴会の原意は「ビールを注ぐこと」である。せっかく招待したのに、こう言われてしまった主人の気持ちはどうであろうか。

主人は二度と彼に声をかけないことであろう。

　宴会でまずい料理が出てくることはある。十数年前の話。ある温泉町に全国各地の数学講師が集まり会議が催された。懇親会で出された刺身は乾いたようなものであり、同僚のＳ先生は一口食べただけで箸を置いた。翌日「あんなもの、みんな、うまい、うまいと言って食べているんだから……」と呆れた顔をしていた。彼は今でも自他共に認める美食家である。

---

(91) 交配

ラバよ、お前は、お前の祖先を知っているのか。お前はお前の母を知っているのか。

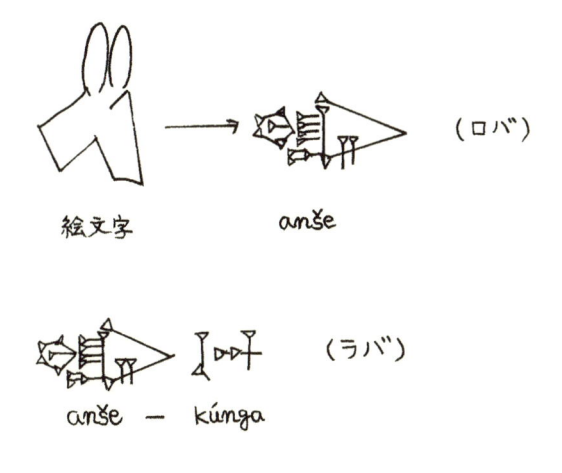

絵文字　　　anše　　　（ロバ）

anše – kúnga　　（ラバ）

ラバは、雄のロバと雌のウマの間に生まれた雑種で、労役に使われた。上記の言葉より、古代人もラバが繁殖不能であることを知っていたことがわかる。

品種改良のため動物や植物に交配がおこなわれている。これに慣れた人間は次にクローン技術を開発し、動物の複製をつくるまでになった。原理的にはクローン人間も可能らしい。しかし、誰が何のためにクローン人間を欲するのか、私には理解できない。生命科学の発達は、人間に狂気をもたらすまでになったのか。

(92) 苦苦しいやつ

犬は渡し舟に何も払わず、渡し舟の中で手を叩いていました。

無賃乗船に成功した犬は、喜んで手を叩いていたようである。他の乗客は苦苦しく思っていたに違いない。

小学生のころ、「ぼーじぼー」という行事があった。これは旧暦の十五夜と十三夜の月見の日に、子どもたちが家々を一軒ずつ回り、お金やお菓子をもらうものであった。年長者が「十五夜のお祝いをもらいに参りました」と言ってお金を受け取り、「商売繁盛！　三角商売当たれ！」とみんなで声を出して、わらで作った棒で地面を叩くのであった。もらった金額で声の大きさは違った。集めたお金は、年長者が平等に分配した

が、私たちの組は子どもが多く、隣の組の約半分の金額にしかならず、くやしい思いをしていた。

　ある時、A君の参加が問題となった。貧しいA君の家は祝い金をまったく出していなかったうえに、その年、弟たちにも参加資格が出てきたのである。私たちは三人の参加を拒否しようとしたが、A君の母親から「お金を出すから、まぜてくれ」と言われ、渋渋承知した。ところがA君の家の祝い金は5円であり、我々は礼も言わずに立ち去った。分配金を計算すると一人150円。隣の組は一人400円という知らせが入り、我々は苦苦しくA君兄弟を見ていた。

---

(93) 噛みつく人

出産した雌犬のように、彼女は人々に噛みつく。

　自分の子どもについて何かおもしろくないことを言われたとき、相手に食ってかかるような母親には注意しなさいという格言。子犬を産んだ雌犬が子を守ろうとして人に噛みつくのは本能であろう。しかし、人間の場合には、本能に加えて、面目というものがある気がする。

　私は小学校5年のとき、天体望遠鏡が欲しくて新聞配達を始めた。早起きは苦にならなかったが、雨の日と犬のいる家が嫌であった。ある時、大きな雄犬に太股を噛まれ出血した。ふと

永久に生きるとは

見ると、小さな雌犬と産まれたばかりの子犬たちが近くにいたが、私はまったく気がつかなかったのである。

　当時、新聞配達をする子どもは貧乏人の子と見られていた。母はある人から「一人息子に何も新聞配達なんかさせなくても」と言われたという。私の母は、そのことで人に噛みつくような人ではなかったが、言われたことは絶対に忘れない人であった。

（94）憧憬

川辺に住み、遠くの山を見つめる。己がほうは見つめない。

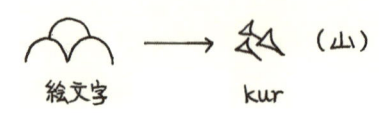

絵文字　→　kur（山）

これは、自分の知らない「遥かな国、遠い国」には何か素晴らしいことがあるのではないかと想像してしまう人間の癖を言い表したもの。幸せの青い鳥は身近にあるということかもしれない。

　私の生まれ育った村は山の麓にあった。山の尾根の一部が平らになっており、夕日が沈むとき、そこの疎らな木々が影絵のように見えた。私は、夕刊配達の途中、それを眺めるのが好きであった。「あの向こうには何があるのだろう」と思った。考えてみれば、山また山が見えるに違いないのであるが、私はその時、あの尾根に立てたなら、別の世界が見えるような気がしたのである。

---

(95) 呪い

水に投げ捨てられた土塊のように、彼がばらばらになって消滅しますように。

　敵対する人物、または大嫌いな人に対する呪いの言葉である。人と人の関係は難しく、現代人でも心のなかで上記のような言葉を発することがあることだろう。

　ある会議でのこと。全教科の先生が二百名ぐらいいたであろうか。M先生がマイクを握り意見を述べ「……そうしてもらわないと、私は死んでも死にきれない」と発言を締め括った。す

ると私の前の席から「早く死ね」と低い声が聞こえた。私は、M先生も相当敵がいるなと実感した次第である。

　昔、M先生が仙台に出講していたとき、私の顔を見て「なんて、生意気な顔をしているのだろう」と評した。確かに私には不遜なところがあり、それで人に反感を持たれることがあったようである。ことによると「呪い」をかけられたかもしれない。しかし、私はまったく気にしないのである。ムロイはノロイにトロイのだから。

(96) 優しい人

　君のために私の口で熱いスープを冷ましてあげよう。君のために魚から骨を取ってあげよう。

　これは夫が妻に語りかけた言葉である。このような「優しい人」は現代でも女性に持てよう。しかし、誰もがこうできるわけではない。
　私は猫舌であり、鍋焼きうどんなどは、以ての外である。さらに、魚をきれいに食べることができない。大学2年のとき、下宿の夕食で、S先輩が「室井、きったねえ食い方だな。まだ、食えるぞ」と言った。先輩の皿を見ると魚の骨の標本（というべきもの）があった。下宿のおばさんは「魚の食べ方で、海育ちか山育ちか、わかるんですよ」と笑っていた。S先輩は山形

の酒田の出身であった。

---

(97) 愛憎

𒑰 愛情は家庭をつくり、憎悪は家庭を壊す。

šà　ki-ág　níg　é　dù-dù-ù-dam
心　愛する　こと　家　　つくる

šà　ḫul-gig　níg　é　gul-gul-lu-dam
心　憎む　　こと　家　破壊する

　これは、いつの時代でもどこの国でも人々が容易に納得する言葉であろう。バビロニアでも夫婦仲が悪く、その結果、家庭が崩壊してしまったような事例が少なからずあったに違いない。男女の愛憎は、いつでも難しい問題である。
　祖母は朝からいつも不機嫌な顔をしていた。私は、小学生のころには、それは祖父の浮気が原因であることに気づいていた。祖父は行商先で未亡人（複数）と仲良しになっていたので

ある。当時、60歳前後、まったく「元気」な人だった。祖父母はよく大喧嘩をしたが、祖父は暴力を振るうことはなかった。今、私の手許に祖父母の若いころの写真が一枚だけ残っている。それを見ると祖父が女に持てたであろうと推測できる。祖母は、東京のある会社社長の一人娘であり、栃木の田舎から出てきた祖父に一目惚れし、駆け落ちまでして一緒になったという。

（98）恥じらい

大昔よりありえないこと。若い女が夫の膝の上で屁を放ること。

これもいつの時代でも真である命題であろう。四千年前の人々がすでに昔からありえないことと認識していたのである！
　なお、後半の直訳は「若い女は夫の膝の上で屁を放らない」である。
　祖母は少しわがままで気難しい人であったが、上品であった。人前で放屁することなど絶対になかった。一方、祖父は少々下品なところがある人であった。東京では健広などという洒落た名を名乗っていたが、本名は平作。逆から読むと「くさいへ」。名は体を表す人であった。

(99) 心の痛み

腰にある痛む私の指の爪。サンダルにある痛む私の足。(しかし)、痛む私の心は誰が見つけるのか。

　これは、手足の痛みならば、どこが痛いのかがすぐわかるが、心のそれは容易にはわからないということ。人の悩みを推し量ることは難しいことである。
　祖父と同業のEさんは礼儀正しい人であった。来客を嫌う祖母もEさんだけは別であった。時折、我が家で夕食を共にし、夜まで祖父と将棋を指していた。私が高校のころだろうか、そのEさんが自殺した。数日前よりビニールの紐を縒りながら太い綱を作っていたらしいが、誰もがそれで自殺をするとは思っていなかったという。祖父は驚いた様子で「懇意にしていたのに、なぜ相談してくれなかったのか」と繰り返し言った。私は「じいちゃんに悩みを相談する人なんか、いないよ」と思ったが、黙っていた。

永久に生きるとは

(100) 思い出

一日中、私は歩き回っていた。一日中、歩き回っていた。涙の竪琴よ、お前はずっとそこに佇んでいる。

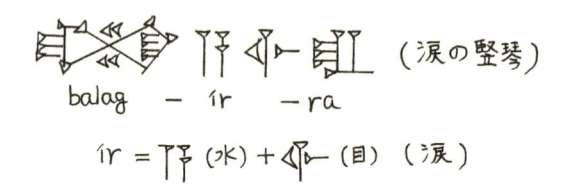

𒁇 𒀀 𒅆 (涙の竪琴)
balag - ír -ra

ír = 𒀀(水) + 𒅆(目) (涙)

シュメール語のことわざを通して見る人間社会

　この人は日中忙しく働いていたが、竪琴を見て辛い過去を思い出し、それが今も心に残っていることを確認したようである。
　私は予備校の校舎間の移動のとき、仙台駅に直角に交わる地下道を利用していた。交点は地下街の入り口であり、みやげ物を買う人などで混雑している。私の母はこういう賑やかな所が好きだった。孫の顔を見によく日帰りで遊びに来ていたが、帰りには必ずこの地下街でたくさんの買物をしていた。私は母の買物はいつも時間がかかることを知っていたので、見送りはこの入り口までであった。「俺、ここで帰るよ」「いいよ。おみやげ見ていくから」。これが最後の会話となった。私は、ここを通るとき、親戚や知人にみやげ物を買う母の姿を思い出すのである。

付録 I
動物寓話

---

(101) 狐とライオン（SP, 5.58)

　ライオンが落し穴に落ちた後に、狐が穴のところへやって来て言いました。「あなたのサンダルを（穴の）端へ、（あなたの）家へ、あなたの所へ持っていきましょう」。

---

(102) 象と小鳥（シュメール語版、SP, 5.1)

　象は自分に向かって言いました。「シャカン神の野性動物のなかで私と同じようなものはない」。ミソサザイ（？）は、彼に答えて言いました。「しかし、私は、私の比率でもって、あなたと同じようにつくられているのですよ」と言いました。

（注）シャカン神：シュメールの野性動物の神。

---

(103) 象と小鳥（アッカド語版、BWL, p.216-219)

　ミソサザイ（？）は、象の背に留まったとき言いました。「兄

弟！ あなたの横腹が押されましたか。私は、(ここの) 水飲み場を立ち去りましょう」。象は、ミソサザイ（？）に答えて「私は、あなたがいつ来たか知りません。あなたは、どれほどの価値があるのですか。私は、あなたがいつ出発しても知りません」と言いました。

（注）これは、紀元前716年ごろの粘土板にあるもので、イソップ物語の雄牛とブヨの原形と考えられているものである。岩波文庫版（山本光雄訳『イソップ寓話集』1974年）では「蚊と牛」となっている：「蚊が牛の角にとまって長らく休んでから、立ち去ろうとした時に、もう君は自分に立ち去って貰いたいかどうかと牛に尋ねました。すると、牛は答えて言いました。『いや、わしは君が来た時も気づかなかったし、君が立ち去っても気づきはしないだろうよ。』」（同書、p.148）。

（104）ライオンと雌山羊 （SP, 5.55）

ライオンがか弱い雌山羊を捕まえたところ「放してください。私の仲間の雌羊をお礼としてあなたに差し上げます」（と雌山羊は言った）。「おまえの名前を言えば、放してやるぞ」（とライオン）。雌山羊はライオンに答えて言いました。「あなたは私の名前を知らないの。私の名前は、『あなたとともに賢く振る舞う』です」。ライオンが羊小屋に行ったとき「お前は解放さ

た」と叫びました。彼女は向こう側から彼に答えて言いました。「あなたは、私を解放しました。あなたは賢く振る舞ったのでしょうか。羊について言えば、ここにはいませんよ」。

---

(105) 犬の悪巧み (SP, 5.42)

ロバが川に流されていて、そして犬はそれにしがみついていました。「彼は、いつ（川から）出て、（私に）食べられるの」と（犬は）言いました。

---

(106) 馬と騎手 (SP, 5.38)

馬は、彼の騎手を振り落として言いました。「もし、私の積み荷がいつもこのようだったら、私は弱ってしまう」。

付録 I　動物寓話

---
(107) ロバと積み荷 (SP, 5.39)

　ロバは、彼に括りつけられた大袋を振り落として言いました。「私は、過去の重荷を忘れてしまった」。

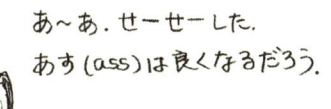

あ〜あ. せーせーした.
あす (ass) は良くなるだろう.

大袋

† 「走れ」は教務の命令.
† 利潤追求のため教育産業は成し遂げる.
† 怪しげな一部の講師.
† 優秀な生徒の激減. 日本はどうなる?

付録II
アッシリアのことわざ

永久に生きるとは

　メソポタミアの王のなかで読み書きができた人は、ほんの数人が知られているだけである。そのなかの一人、アッシュルバニパル（在位紀元前668〜627年）は、自分の識字能力だけでなく数学をも学んだことを次のように自慢しているのである。

　　私は、解法の糸口がつかみにくい難しい因数の逆数をたくさん求めることができる。私は、シュメール語版が不明瞭でアッカド語版が捉えがたい巧妙に書かれた粘土板をくり返し読んだ。

　（注）前半の正確な訳は、拙訳が初めてのものと自負する。

　前半の数学に関する部分は、たとえて言えば、「私は難しい因数分解もできる」くらいの意味で、王自身が数学の教育訓練を受けたと宣言しているものである。具体的な数学的内容については、『バビロニアの数学』[6]（pp.20-23）を参照されたい。

　アッシュルバニパル王は国内外から多量の粘土板を集めさせ、ニネヴェに「図書館」をつくったことでも有名である。そのなかには、ことわざの類も含まれているが、古バビロニア時代と同じものも含まれていたのである。これらのアッシリアのことわざは左欄にシュメール語、右欄に対応するアッカド語訳が書かれていることが多いが、シュメール語はそれ自体では意味がわからないものが少なくない。右欄のアッカド語訳を見て、ようやく意味がわかるということもある。以下においては、このアッカド語訳を中心にアッシリアのことわざを概観していこう。原典資料集は次のものである。

付録Ⅱ　アッシリアのことわざ

W. G. Lambert, *Babylonian Wisdom Literature* (=BWL), 1960.[5]

出典は、単にBWL, p.～とし、粘土板の番号などは省略した。

---

(108) 手順前後（BWL, p.221）

野鳥狩猟家は彼の網を投げてシャマシュ神にくり返し祈りました。「シャマシュ神よ、第20日は、あなたの輝く日です。…（以下、欠損）」

　これは、野鳥を捕まえる網を投げる前に、神に成功を祈りなさいということ。なお、シャマシュ神はシュメールのウトゥ神と同じ正義の神である。
　アメリカンダイスというゲームがある。5個のさいころを同時に振り、出た目の数と種類で勝負を決めるのである。飲み仲間のKさんは、革製のシェーカーを振ると「おまじない」と言っては逆さになったシェーカーの底面を右手人差し指でトントンと叩く癖があった。我々は「早く開けろ」と言ったが、バーのマスターのNさんは「もう、目が出ているのに、そんなことをしても意味がない」と冷静であった。Kさんは、私が勝てる数少ない一人だったが、名古屋に栄転してしまった。

> (109) 飢えた人は（BWL, p.235）

飢えた人は、焼成レンガの家へも押し入る。

腹が減った人は、焼いて固くしたレンガの壁でさえも穴をあけ、食べ物を求めて他人の家に押し入ることがあるということ。

> (110) 加担（BWL, p.235）

あなたは、投げようとしている人の手に土の塊を置く。

これは、たとえば、口論している二人の一方が手を振り上げたとき、その人に相手に投げる土を手渡すようなことを意味しているのであろう。その口論を「火に油を注ぐ」状態にすることになりかねないことである。

付録Ⅱ　アッシリアのことわざ

---

(111) 心安らかに（BWL, p.240）

罪を犯すな、（そうすれば）神への恐れがあなたを食い尽くすことはないであろう。

誰かの誹謗をするな、（そうすれば）深い悲しみはあなたの心には達しないであろう。

　これらの二つの格言は、心安らかに生きる指針を我々に与えてくれている。しかし、私のような俗人には、頭では理解していても、なかなか実行できないことである。「あいつだけは絶対に許せないし、許さない」などと誹謗してしまうのである。

---

(112) 何のために（BWL, p.240）

サソリが人を刺した。サソリは何を得たのか。密告者が人の死をもたらした。彼は何の利益を得たのか。

　誹謗、中傷、密告などはいつの時代にもあったようだ。それらの行為で何を得ようとしているのかを考えるとその愚かさがわかり、他の大切なことに力を注ぎたくなる。しかし、すぐに

そのことを忘れてしまうのも普通の人間なのかもしれない。

> (113) 原因と結果（BWL, p.241）

▽ 彼女は性行為なしで妊娠したのか。彼女は食べずに太ったのか。

▽ 性行為が乳の分泌をもたらす。

　これらは、物事には原因と結果が存在するということ。この程度のことなら、バビロニア人もアッシリア人も因果律を持っていたのであるが、自然現象に対してはそうではなかった。自然現象は、彼らが分析するには複雑すぎたのである。彼らが発達させたものは科学ではなく占いであった。

> (114) ままならず（BWL, p.241 と p.244）

▽ 私が蓄えると盗まれる。私が浪費すると、誰が私に（物を）与えてくれるのか。

付録Ⅱ　アッシリアのことわざ

❕あなたが川のなかにいるとき、まわりの水は悪臭を放ち、あなたが果樹園にいるとき、あなたのナツメヤシは苦い。

　この二つの格言は、どちらも「世の中ままならず」を言ったものであろう。買えば下がり、売れば上がる、株の世界も私にとってままならぬものであった。

（115）最後の願い（BWL, p.244-245）

❕私が死ぬ場合は、私は食べたい。私が生き残る場合は、私は蓄えたい。

　現代人でも同じように考える人は少なくないであろう。古代では戦争や飢饉などで死は身近なものであり、上記の願望はより切実なものであったと思われる。

（116）戦争とは（BWL, p.245）

❕敵は武器が強くない都市の門前から離れはしない。

これは、都市の防御を堅くせよという戒めの言葉であろう。しかし、戦争が始まれば次のようになることも自明のことであった。

> あなたは遠征し敵の領土を略奪した。敵が来てあなたの領土を略奪した。

もし、アッシリア人が映画『西部戦線異状なし』(1930年製作)の有名な戦闘場面を見たとしたら、武器は違っても「同じようなことをしている」と感じるに違いない。二千年たっても人間は……。

（117）娼婦の嘆き（BWL, p.242）

> 私の体はすばらしい。(でも)みんなによると終わりだってさ。

原文では「体」ではなく「女性性器」である。これは年を取ってしまった売春婦の言葉であり、笑いとともに、ほのかな哀愁を誘うものである。

付録Ⅱ　アッシリアのことわざ

(118) 昔日の栄光 (BWL, p.242)

私は人を乗せるロバである。(しかし、今は) 私はラバと軛でつながれ葦の荷物を運んでいる。

　これは、若いときは自信満々でまわりからも認められていた人が、晩年になり屈辱的な仕事をしている悲哀を述べたものである。共感する現代のサラリーマンも少なくないであろう。しかし、私は肩の力を抜き毎日少しでも自分の興味があることに集中できれば、そのほうが幸せのような気がする。

　肝硬変で亡くなった数学のＹ先生は、京大出身で知人によると「若いころは頭が切れた」と聞いた。彼は、少なくとも仙台では、予備校の先生にありがちな虚勢を張ることがなかった。あるとき、授業に向かうエレベーター内で「俺、こんなに難しい問題、解けっこないよ」と私に解法を尋ねてきた。彼の吐く息でエレベーター内は爽やかな香気が満ちていたことを覚えている。私は、彼が万馬券を当てて私たちに御馳走してくれ「ウフフ……」と笑いながらウィスキーを飲んでいたことを忘れない。

> (119) 脱兎のごとく (BWL, p.253)

 逃げるときあなたは野生の雄牛、捕まるときあなたは甘える犬のよう。

　奴隷などが逃亡するときは、必死の形相で逃げたことであろうが、捕まってしまえば寛大な処置を願っておとなしくするものだということであろう。
　私の通った小学校は、山林を切り開いて新しく建てた校舎であった。校庭の南西の一角は昔の墓地だったらしく、お椀や髪の毛そして時には人骨が出てきた。ある日、悪さをしたケンイチ君が先生から逃げて山林のなかへ消えた。我々は「やまがっこ（山学校）だ」と言った。授業を抜け出して山林で遊ぶ生徒はめずらしくはなかったのである。しかし、その山林の方角は南西ではなかった。正午近く、先生の指示で放送係が、「Ｕ・ケンイチ君、Ｕ・ケンイチ君、給食の用意ができましたから帰ってきてください」と呼びかけた。皆で窓から校庭を囲む山林を注視していると、案の定、彼は南東の山林から姿を現した。我々が歓声を上げると彼は照れ笑いしながら教室に戻ってきた。

付録III
シュメール語とは

§1. 歴　　史

　シュメール語とは紀元前三千年紀にメソポタミアの最南部に文明を築いたシュメール人の言語であり、おそらく文字を通して知りうる最古の言葉である。紀元前二千年以降は死語となったが、学問語としてバビロニアやアッシリアの書記たちの間で学ばれたものである。シュメール語は日本語と同じように膠着語に属する。つまり、語根に接頭辞や接尾辞を結合させて語の文法的機能を示すのである。しかし、すでに四千年前に死語になっていたことと、現代語に同じような言語が見当たらないことなどの理由により、シュメール語の文法体系は完全には解明されていないのである。シュメール語とは永久にわからない言語なのかもしれない。ここでは、いくつかの文法事項について概略を述べるに止めよう。利用した文法書は、

　　M. L. Thomsen, *The Sumerian Language*, 1984.[8]
　　D. O. Edzard, *Sumerian Grammar*, 2003.[3]

である。例文はシュメール語のことわざの他に数学文書や書記が使った語形変化表などからも採った。

§2. 音声と語順

　母音はa、i、u、eの4つで、子音は通常、b、d、g、ĝ、h、k、l、m、n、p、r、s、š、t、zの15個である。
　鼻音のĝはgと文字上は区別されない。この他に、いくつか

の音価を仮定する人もいるが、誰も聞いたことのない音声体系を再現しようとする努力には、どうしてもある種の「むなしさ」がつきまとってしまうのはやむをえないことであろう。

語順は、自動詞の場合「主語 ― 動詞」、他動詞の場合「主語 ― 目的語 ― 動詞」の順が普通である。

(例文1) ur-gi$_7$(-re) éš-dam-šè in-ku$_4$-ma
　　　　"犬は売春宿に入りました。そして……。"(SP, 5.77)
(例文2) ur-mah-e útul mu-un-bil
　　　　"ライオンは、鍋を温めました。"(SP, 5.66)

　[単語]　ur-gi$_7$ "犬"、éš-dam "売春宿"、-šè "〜へ" ku$_4$ "入る"、ur-mah "ライオン"、útul "鍋、スープ"、bil "〜を焼く"
　(注) アクセント記号や下つき数字は文字の識別記号であり発音とは関係ない。

§3. 名詞と形容詞

アッカド語の名詞は形態上または意味上、男性名詞と女性名詞に分類されるが、シュメール語の名詞の場合そのような性による区別はない。名詞は［人間］と［非人間］の二つに分類され文法的取り扱いが異なる。たとえば、šeš "兄弟" は人間クラスであり、複数形は šeš-e-ne "兄弟たち" となる。数学文書には 10 šeš-e-ne "十人兄弟" という表現がある。また、udu "羊" は非人間クラスで複数形を持たず集合名詞として複数を表す。しかし、-hi-a を伴って複数形を表すこともある。

（例文3）1 šár 1, 1 udu-hi-a 7 sipa sipa-1-e en-nam íb-ši-ti 8,43 íb-ši-ti

"羊が 1,1,1（=3661）匹で 7 人の羊飼い。羊飼い 1 人はどれだけ受け持ったのか。8,43（=523）匹受け持った。"

ここでの sipa "羊飼い" の前には数字 7 があるので複数語尾 -e-ne は省かれている。こちらのほうが普通である。動詞 ti はここでは "受け取る" の意味。なお、上記の数学の問題は、3661 ÷ 7 = 523 がその内容である。

形容詞は形の上で名詞と区別されず、名詞を後ろから修飾する。ésag-gibil "新しい倉庫"、in-nu sumun "古い麦わら" のようである。

§4. 所有接尾辞

単数の所有接尾辞は頻出である。複数形は比較的まれである。

1 人称	-gu_{10} "私の"
2 人称	-zu "あなたの"
3 人称人間クラス	-a-ni "彼の、彼女の"
3 人称非人間クラス	-bi "その"

（例文4）za-e mu-gu_{10} nu-e-zu

"あなたは、私の名前を知らない。"(SP, 5.55)

za-e は人称代名詞で2人称単数主格。mu は"名前"でありnu は否定の接辞。-e- は za-e と呼応して主語が"あなた"であることを示す。za-e を省略しても意味は通じる。最後の zu は動詞の zu"知る"である。

(例文5) uš-bi sag-bi *ù* bùr-bi en-nam
　　　　"…その長さ、その幅、そしてその深さは、いくらか。"

これは、ある直方体の3辺の長さを問う数学の問題文である。疑問詞 en-nam は数学文書で使われたもので、通常は a-na-àm"何か"である。また、数学文書には、5 šeš-a-ni"彼の5人兄弟"という言葉が出てきている。

§5. いろいろな格

シュメール語には10種の格があり、おのおのが特定の文法的役割を後置詞として担っている。ここではそのいくつかを簡単に紹介しよう。

[1] 主格；-e
他動詞の主語を示すもので人間クラス、非人間クラスのどちらにも使われる。自動詞の主語には使われない。(例文2) のur-mah-e"ライオンは"の -e がこれである。

[2] 所有格；-ak
これは、決して楔形文字 AK では書かれない格であり、後続

の語がないかぎり子音の k は脱落する。

  balag-íг-ra "涙の竪琴"（balag+ír+ak より）

　子音 k が脱落しない例は、次の位置格の最初の例を見よ。なお、所有格は人間、非人間クラスの両方に共通である。

[3] 位置格；-a
　この後置詞は非人間クラスの名詞のみに使われる。

  é lugal-la-ka "王の家において"（é+lugal+ak+a より）
  šà-ba "その中において"（šà+bi+a より）

　この šà-ba は数学文書では引き算に関連して出てきている(そこから、引けである)。

（例文 6）íd-da a na-dé-e-en péš-bi àm-e$_{11}$-dè
   "川において（íd-da）水を注ぐな。そこのネズミが浮かび上がってくる。"（SP, 6.45）

　na は禁止を表す接頭辞。a…dé は複合動詞と言われるもので "水を注ぐ" の意味。-en は 2 人称単数の主語を示す。e$_{11}$ は "上がる" または "下がる" を意味する。

[4] 方向指示格；-šè
　この格は動作の及ぶ対象を指示し、人間クラスにも非人間ク

ラスにも用いられる。

(例文7) …sahar-šè ba-e-íl-ma
"(その計算結果を)体積にあなたは掛ける、そして…"

(例文8) éš-gàr-zu ù-mu-e-ak ugula-a-zu-šè ù-na-dug₄-ga-àm ugu-gu₁₀-šè gá-nu
"お前の課題を仕上げた後、お前の先生へ報告し、それから私の許へ来い！"

[単語] éš-gàr "課題"、ù- "〜の後で"、ak "行う"、ugula "職長、指導者"、na "彼へ"、dug₄ "話す"、ugu-gu₁₀-šè "私の許へ"、gá-nu "来い！"。なお、この gá-nu は動詞 gen "行く、来る" の命令形であり本文 (17) (SP, 2.69) (p.30) にも出てきているものである。

[5] 同等格；-gin₇

これも人間、非人間クラスの両方に適用される後置詞で "〜のように" という意味である。

(例文9) eme-gu₁₀ anše-kar-ra-gin₇ egir-bi-šè nu-gi₄-gi₄
"私の言葉は、逃走したロバのように、その後へ戻ってはこない。"(SP, 3.114)

§6. 動詞の語根

シュメール語の動詞に関する議論は、どうしようもないほど

難しい（どうしましょう）。学者によって大きく意見が異なっているのである。

　一つの動詞には二つの形があり、シュメール語を学んだバビロニア人は、**ハムトゥ**"速い"と**マルー**"遅い"と名付けて区別した。ここではこれらを便宜上、完了形と未完了形と呼んでおこう。たとえば、"戻る"という動詞の未完了形は gi_4-gi_4 であり、用例は（例文9）にある。完了形は次のように gi_4 である。

（例文10） ki-bi- (šè) ba-ab-gi_4
　　　　"それらは、元の場所に戻った。"

　これは、ある数学の問題の最後に出ている表現であり、検算の結果、面積と体積が問題文で与えられた数値と一致することを述べたものである。このように完了形と未完了形がはっきり区別される動詞は問題ないが、そうでない場合も多いのである。トムセンによれば動詞の 50% ～ 70% は、完了形と未完了形が同じであると言うのである（前掲の文法書〈p.134〉[8] §225）。しかし、これに対する「もし、そうならば、なぜ過半数以上の動詞が**ハムトゥ・マルー**の区分を免れているのか」という吉川守先生の批判は的を射ていると思う[10]。基礎的語根の**ハムトゥ**に対して、**マルー**の語根を示す何らかのマークがあったと考えるほうが自然であろう。しかし、ここでは深入りせず（私にはその資格がない）、完了形と未完了形があったことだけを確認しておこう。

付録Ⅲ　シュメール語とは

§7. 動詞の活用例

　バビロニア人はシュメール語を学ぶ際に、数多くの語形変化表を用いた。多くの場合右欄にアッカド語訳が付いている。ここでは sum "与える" の三人称の変化を取り上げよう。ただし、アッカド語訳は省略する。

in-sum	"彼は与えた"
in-sum-mu-uš	"彼らは与えた"
in-sum-mu	"彼は与えるだろう"
in-sum-mu-ne	"彼らは与えるだろう"
in-na-an-sum	"彼は彼に与えた"
in-na-an-sum-mu-uš	"彼らは彼に与えた"
in-na-an-sum-mu	"彼は彼に与えるだろう"
in-na-an-sum-mu-ne	"彼らは彼に与えるだろう"

これらの最初の 4 例または後半の 4 例から次のことがわかる。
（ⅰ）単数・完了形の語根に eš を付けると複数・完了形となる。
　-sum-mu-uš は母音同化により -sum-eš から生じたものである。
（ⅱ）単数・未完了形は単数・完了形に e を付ける。
　-sum-mu は -sum-e より生じたものである。
（ⅲ）複数・未完了形は単数・完了形に e-ne を付ける。
　-sum-mu-ne は -sum-e-ne より生じたものである。

§8. いくつかの接頭辞について

今まで見てきた例文の中に、文の先頭に来る接辞として、ì、mu、ba などがあった（ì は in、íb の最初の部分に見られる）。これらの意味については確立された解釈はない。ì は特定の意味を付与しにくい中立的な接頭辞とも言われる。これらの間には、何らかのニュアンスの違いがあるのだろうが、私にはわからない。したがって、これらに関しては例文を示すだけに止めよう。以下の三つの例文はいずれも数学文書からのものである。

(例文 11) 15 a-rá 20 ù-ub-de$_6$（または túm）5 ì-pàd-dè
 "0;15（=1/4）を 20 に掛けて、あなたは 5 を見るであろう。"
(例文 12) 2 (bán) še mu-na-an-sum
 "大麦 2 bán（約 20 リットル）を（給料として）彼は彼に与えた。"
(例文 13) sahar-bi ba-e-íl-ma bùr-bi ba-zu-zu-un
 "あなたはその体積を掛ける、そしてその深さを知るであろう。"

§9. 叙法の接頭辞

叙法の接頭辞のなかには、否定を表す nu-、禁止を表す na-、そして予想・条件 "〜した後、〜したならば" を表す ù- があり上記例文中で見てきた。つまり（例文 4）と（例文 9）で nu- を、（例文 6）で na- を、（例文 8）と（例文 11）で ù- を取り上げて

付録Ⅲ　シュメール語とは

いる。次に、他の重要な接頭辞を二つだけ見ておこう。

[1] 1人称嘆願形；ga-
　使われる動詞は完了形であり、1人称複数形の用例は少ない。

（例文 14）u₄-da ga-gen na-gada-kam u₄-ul-la ga-gen kabar-ra-kam
　　　　　ga-gen ga-gen-na-àm u₄ mi-ni-ib-zal-zal-e
　　　　　"今日、行きたいは羊飼いの（言う）ことである。明日、行きたいは羊飼いの少年の（言う）ことである。行きたいは、行きたいであり、日々は過ぎていく。"（SP, 3.6)

[単語] u₄ または ud "日"、na-gada "牧夫"、kabar "羊飼いの助手"、zal "(時が)過ぎ去る"。

[2] 3人称嘆願形；ha-、hé-、または hu
　使われる動詞は、通常未完了形である。

（例文 15）hé-mu-na-ab-sum-mu
　　　　　"彼はそれを彼に与えるべきだ。"

　ここの -sum-mu は、母音同化により -sum-e（未完了を示す）より生じたものである。しかし、数学文書には、-e を省略したと思われる表現が出てきている：

（例文 16）*še-a-am* en-nam hu-mu-ra-an-sum
　　　　　"彼は大麦をどれだけあなたに与えるべきか"

バビロニア人は、この点に関してあまり文法に厳密ではなかったようである。たとえば、gar "置く（完了形）"の未完了形は gá-gá なので "彼は置くべきだ" は hé-gá-gá と書くべきだが、彼らは文法書でも数学文書でも hé-gar としているのである。対応するアッカド語の表現で動詞は過去形を使うので、これはありがちな間違いなのであろう。

（例文 17）10,40,16 a-šà 1,4,1,36 sahar uš *u* sag hé-íb-si$_8$ bùr li-bì-dù
　　　　　"10;40,16 が面積、1,4;1,36 が体積。長さと幅は等しくなれ。貯水池は（まだ）つくられていない。"

（注）li- は nu- と同じく否定を表す。

これは、貯水池の三辺の長さ、つまり長さ（uš）、幅（sag）、深さ（これも bùr）をそれぞれ x、y、z とすると、連立方程式

$$xy = a, \quad xyz = b, \quad x = y$$

を解く問題であった。なお、（例文 10）を参照せよ。

§10. 命令形

命令形は動詞の完了形を先頭に出してつくる。複数に対する命令は語尾に代名詞的接尾辞をつける。

（例文 18）sum-ma-ab

"それを私に与えよ。"

（注）-ma-"私に"、ab の b は "それ" を表す。

（例文 19）sum-ma-ab-zé-en
　　　"（あなたたちは）それを私に与えよ。"
（例文 20）1 1/2 kùš sukud ak-i uš en-nam hé-kur-ru
　　　"高さ 1 1/2 クシュ（約 75cm、の土手）をつくれ。彼はどのくらいの長さを受け持つべきか。"
（例文 21）gur-ab-ba
　　　"戻れ。"

　（例文 21）は、数学文書で、ある条件をさらに付け加えるときに用いられている。同じような文脈で i-ne-šè "今" が使われている例もある。なお、ある一定の計算が終わり、次の計算に進むときもアッカド語で "戻れ" と指示される場合もある。また、途中の計算結果を gar-ra "置け" と命令することもあり、さまざまな表現があったのである。

§11. いわゆる代名詞的活用について

　シュメール語には、ある種の従属節をつくる代名詞的活用と呼ばれているものがある。これは、"誰々が何々をした（する）とき" を表すものであり、誰々は、たとえば gu_{10} "私の" や zu "あなたの" などの所有接尾辞で示されるのである。

（例文22） a-šà a dé-a-zu-dè
　　　"あなたが耕地を潅漑したとき"
（例文23） za-e ak-da-zu-dè
　　　"あなたは、あなたが（計算を）するとき"

　（例文23）は、数学文書の決まり文句であり、問題文を述べた後に、そして具体的計算が始まる前に置かれるものである。（例文22）と比較すれば、過去と未来の違いは語根 dé と ak の後に d があるかないかであることがわかる。

（例文24） tur-ra-gu$_{10}$-dè
　　　"私が小さいとき"

　（注）tur "小さい、小さくする"

　これは、ウル第三王朝の王シュルギ（在位紀元前2094〜2047年）が学校でシュメールとアッカドの粘土板から書記術を学んだことを自慢するくだりである。

付録Ⅲ　シュメール語とは

付録Ⅲのあとがき

　私には、(例文 23) の za-e ak-da-zu-dè に特別の思い出がある。
　私は、1985 年ごろからバビロニアの数学の研究を始め、まず独学でアッカド語を学んだ。原文が少し読めるようになったとき、アッカド語の知識だけでは分析できない術語や一群の文書の存在が気になりシュメール語を学ぶ必要性を感じたのであった。しかし、トムセンの文法書は、比較的評判の良いものであったが、簡単に独習できるもではなかった。次々とわからない点が出てきて、私は少し混乱していたのである。
　ちょうどそのころ、日本オリエント学会の大会が宇都宮で開催され、吉川守先生が「バビロニア人とシュメール語」という表題で講演をなされた。1987 年 10 月 10 日のことであった。その中で gar-ra, ga-gar, hé-gar の説明があり、私の疑問の一部は解けた。そこで講演終了後ロビーで、先生にいくつかの質問をしたのであるが、その一つが ak-da-zu-dè であった。吉川先生は「これは Pronominal Conjugation と言って、この da は未来を表します」と答えてくださり、「これ、どこにありました」と尋ねられた。私が、数学文書には、動詞 ak の他に gíd "測る" や kin "さがす" があることを伝えると、先生は興味を示された。
　世界一流のシュメール語学者が知らない文例が数学文書にあるとわかり、私は英語の論文を書き、ある外国の科学史の専門誌に投稿したのである。しかし、二人のレフェリーの意見は「数学文書はアッカド語で書かれているものでシュメール語はまったく関係ない」というものであり、私の論文は不採用となった。若かった私は腹を立てたが、このお二人はシュメール語の知識

がまったくなくアッカド語もほとんど読めない人たちであったので、今となっては「シュメール語ではないと言うシュメール語を知らない人」という笑い話である。

　さらにこの話には、おまけが付いていたのである。私は論文の中で、ある未解読であった問題を解明していたが、その概略がレフェリーの一人が後に書いたバビロニアの数学についての概説に出ていたのである。私が抗議すると、「独立に解読した」とのことだった。しかし、その概説論文の前のほうでは、「不幸にして、この問題も解読不能なのである」と書いてあったのである。まさに「頭隠して尻隠さず」であった。

出典と参考文献

出典と参考文献

[1] B. Alster, *Proverbs of Ancient Sumer*, 1997, CDL Press, Bethesda, Maryland.

これは、シュメール語の格言の原典資料集。第一巻には、原文の翻字と英訳が、第二巻には個々の格言についての注釈がある。私は、基本的に Alster の翻字に従ったが、翻訳に関してはいくつかの点で Alster の誤訳を訂正した。具体的な点は、下記の「本書で使用した格言の出典」を参照。格言の引用は、慣例に従い SP, …とした。

[2] B. Alster, *Studies in Sumerian Proverbs*, 1975, Akademisk Forlag, Copenhagen.

[3] D. O. Edzard, *Sumerian Grammar*, 2003, Brill, Leiden·Boston.

[4] C.J. Gadd and S.N. Kramer, *Ur Excavations Texts VI Second Part* (= UET 6/2), 1966, London.

これは、粘土板の筆写を集めたもので、翻字、翻訳はない。ここからの引用も慣例に従い、UET 6/2 …とした。

[5] W.G. Lambert, *Babylonian Wisdom Literature*, 1996, Eisenbrauns, Winona Lake, Indiana.（初版 1960 年の再刊本）

シュメール語の格言がアッカド語に訳されている例が見られる。ただし、粘土板は紀元前七、八世紀ごろのものである。

[6] 室井和男、バビロニアの数学、2000 年、東京大学出版会。

[7] 中田一郎、ハンムラビ「法典」、1999 年、リトン。

これは、最も信頼できるハンムラビ法典の日本語訳である。

[8] M. L. Thomsen, *The Sumerian Language*, 1984, Akademisk Forlag, Copenhagen.

[9] M. Yoshikawa, Verbal Reduplication in Sumerian, *Acta Sumerologica*, No.1, 1979, pp.99-119.

[10] M. Yoshikawa, For a Better Understanding of Sumerian Grammar,

出典と参考文献

Bibliotheca Orientalis 45, 1988, p.504.

本書で使用した格言の出典

（1）ビール：SP, 2.123. SP, 1.102.
（2）怠け者：SP, 3.104.
（3）割り切れない論理：SP, 5.B74.
（4）猫かぶり：SP, 5.A,B73.
（5）おせっかい：SP, 5.77.
（6）宿題：SP, 3.132.
（7）回避：SP, 5.67.
（8）後悔：SP, 2.124. SP, 11.150.
（9）物惜しみ：SP, 1.190.
（10）借金：SP, 2.159. SP, 4.53.
（11）間男：SP, 23.8.
（12）泥棒の言い訳：SP, 13.7,10.

　Alster はこれらの格言の含意について説明していない。また、SP, 13.7 は一部分を訳していない。

（13）戦争と被害者：SP, 27.8. SP, 2.142. SP, 27.9.
（14）直面：SP, 2.94. SP, 3.14.
（15）旅の途中で：SP, 3.19.
（16）法螺吹き：SP, 2.67.
（17）臆病者：SP, 2.69.

　Alster は、600 ニンダンを 100m としている。1 ニンダンは約 6m。誤っ

て6で割ったようである。

(18) 勇ましい：SP, 2.66.

(19) 遊牧民：SP, 2.28.

(20) 眠らぬ人：SP, 1.174.

(21) 東西南北：SP, 4.9.

　　Alster は、西風について「そこに住む人々より強い風」と訳しているが、原文に「強い」という語はない。あるのは、diri（吹き流す）である。

(22) 宿命：SP, 2.5.

(23) お追従：SP, 5.66.

(24) どうにも止まらない：SP, 3.97. SP, 3.185.

(25) 宮殿：SP, 9.A9, SP, 6.2.

(26) 賄賂：SP, 3.123.

(27) 現実と理想：SP, 9.A4,5,6.

(28) 高級品：SP, 12.C4.

(29) お供え物：SP, 5.119.

　　Alster は「雌犬たちは、彼女らの子犬たちに……」と訳している。誤訳である。また、格言の含意について説明していない。

(30) 金の切れ目：SP, 2.163.

(31) ありえないこと：SP, 2.55.

(32) 質素堅実：SP, 3.15.

(33) 妻と子：SP, 1.153. SP, 1.151.

(34) 中身がない：SP, 2.104.

(35) 必然：SP, 6.5.

(36) 諸行無常：SP, 3.152.

(37) 好きずき：SP, 2.125.

(38) おとぼけ：SP, 2.126.

(39) 家に帰りたい：SP, 2.161.

(40) 御倉入り：SP, 1.28.

(41) 狼少年：SP, 2.71.

(42) 同窓生：SP, 3.17. SP, 3.18.

(43) みんな仲良く：UET 6/2 298.

(44) 母親の愛：SP, 5.124. SP, 5.35.

(45) 原罪：UET 6/2 368.

(46) 報い：SP, 3.69. SP, 3.114.

(47) 激昂：SP, 1.97.

(48) 任せよ：SP, 4.47.

(49) 黄泉への道：SP, 8.A2.

(50) 迷信：SP, 6.45.

(51) 分別：SP, 4.46.

(52) 見掛けによらず：SP, 1.95.

(53) 失踪：SP, 3,141.

(54) 静かなる男：SP, 2.32.

(55) 義理：SP, 3.156.

(56) 夜も眠れず：SP, 3.23.

(57) 心配の種：SP, 1.16. SP, 1.15.

(58) 逃がした魚は：SP, 2.121.

(59) 耳触り：SP, 3.159. SP, 3.160.

(60) 貴賓席：SP, 3.155.

(61) 理想像：SP, 2.40.

(62) 蛇の道は：SP, 1.98.

(63) 食べ過ぎ：SP, 27.6.

(64) 戒律：SP, 15. B.7.

（65） 本心：SP, 3.44.

（66） 名前：SP, 28.1. SP, 3.84. SP, 2.37.

（67） 気にするな：SP, 1.13,14.

（68） 応報：SP, 14.1.

（69） お似合い：SP, 1.159.

（70） ご用心：SP, 3.119.

（71） 幻影：SP, 5.34.

（72） 後の祭り：SP, 8. B.2.

（73） 隣の牛は：SP, 2.93.

（74） 教訓：SP, 1.145.

（75） 悪巧み：SP, 8. B.33. UET 6/2 217.

　　Alster は「私は、それを捨てる。……」と訳しているが、誤訳である。
　　また、彼は狐の悪巧みについて説明していない。

（76） 権威：SP, 9.A.1,2.

（77） 両立しがたし：SP, 2.50.

（78） 朱に交われば：UET 6/2 297.

（79） 厚かましい：SP, 10.14.

（80） 誰のため：SP, 9.D.4.

（81） 先送り：SP, 3.6.

（82） 満腹のロバ：UET 6/2 235.

（83） 不信心：UET 6/2 299.

（84） 自助努力：UET 6/2 305.

（85） 暴露：UET 6/2 381.

（86） お行儀が悪い：SP, 3.8.

（87） 物思い：SP, 2.4.

（88） 雨降って：UET 6/2 276.

出典と参考文献

(89) 正直者：UET 6/2 257. UET 6/2 256.

　　後者の Alster の訳は不完全である。

(90) 食通：SP, 5.116.

(91) 交配：UET 6/2 233.

(92) 苦苦しいやつ：UET 6/2 270.

　　Alster の訳の後半は「犬は、渡し舟に手を振った」であり、意味が通じないし、原文とは異なるものである。

(93) 噛みつく人：SP, 5.120.

(94) 憧憬：SP, 2.149.

(95) 呪い：SP, 1.76.

(96) 優しい人：SP, 3.112.

(97) 愛憎：SP, 11.147, 148.

(98) 恥じらい：SP, 1.12.

(99) 心の痛み：SP, 3.127.

(100) 思い出：SP, 1.167.

　　Alster の訳の前半は「お前（竪琴のこと）を演奏した日、一日中お前を演奏した日」であるが、使われている動詞は「歩く」である。

おわりに

　格言とは「深い経験を踏まえ、簡潔に表現したいましめの言葉」（広辞苑）であり、「広く知られた句や文章で、忠告を与えたり、一般に真実であることを述べたもの」（Oxford Advanced Learner's Dictionary）である。シュメール語の格言もバビロニア人が社会生活のなかで得た経験を凝縮して言葉に表したもので、人間のさまざまな特徴や組織のなかでの喜怒哀楽を表現したものである。これらは、四千年の時を隔てても、現代の我々が共感しうるものなのである。

　私は思う、良くも悪しくも人間は本質的な点において変わっていないと。科学技術の発達により環境や生活様式は大きく変化したが、精神世界での進歩はそれほどではないのである。この点に関して、我々は古代バビロニア人を侮れないであろう。とくに、バビロニアの書記の知的水準は現代人の平均を上回ると思われる。彼らは、王やその取り巻き、そして一般の人々を観察し、そこから何らかの「真理」を抽出し、格言としてまとめたのである。母語のアッカド語でなく、学問語のシュメール語で書いたところに、書記たちの自負が見てとれよう。彼らが残してくれたシュメール語の格言は、時が経っても色あせない、人類の宝なのである。

　最後に感謝の言葉を述べたい。、吉川守先生はご病気で第一線を退かれたが、私は短い間に数多くのご教示をいただくこと

ができた。さらに私はシュメール研究会を通して前川和也、前田徹両先生からシュメール語についての助言をいただき、私の研究に大いに生かすことができた。また最近では、前川先生の教え子であった森若葉さんにもお世話になっている。各先生方にお礼を申し上げる次第である。もちろん、本書におけるシュメール語の翻訳、ことわざの理解のしかたなどについては、私自身に責任があることは言うまでもないことであろう。

　また、付録Ⅲを書くことを提案してくれた海鳴社編集部の神谷万喜子さんと私の手書きの原稿をタイプしてくれた妻子、玲子と典和にも感謝したい。（シュメールのことわざが言うように妻子は大切にしないと大変なことになるので！）

2010年6月

　　　　　　　　　　　　　　　　　　　　　　　室井和男

著者:室井和男(むろい　かずお)

1954年栃木県に生まれる。1978年東北大学理学部物理学科卒業。その後、仙台市内の予備校で31年間数学を教え、2009年6月に予備校を早期退職し、本当に自分が興味を持つ分野の研究に専念している。現在、残念ながら、バビロニア数学についての信頼できる英語の本は、世界中どこにもないので、後世に残るような本を英語で書こうと日々努力している。

主要著書:『バビロニアの数学』（東京大学出版会、2000年；2010年日本数学会出版賞受賞）その他、英語の論文多数。

＊＊＊＊＊バウンダリー叢書＊＊＊＊＊

永久(とわ)に生きるとは
シュメール語のことわざを通して見る人間社会

2010年 7月 15日　第1刷発行

発行所：㈱海鳴社　http://www.kaimeisha.com/
〒101-0065　東京都千代田区西神田2-4-6
Eメール：kaimei@d8.dion.ne.jp
電話：03-3262-1967　ファックス：03-3234-3643

発　行　人：辻　　信　行
組　　　版：海　鳴　社
印刷・製本：モリモト印刷

JPCA

本書は日本出版著作権協会（JPCA）が委託管理する著作物です．本書の無断複写などは著作権法上での例外を除き禁じられています．複写（コピー）・複製，その他著作物の利用については事前に日本出版著作権協会（電話 03-3812-9424,
e-mail:info@e-jpca.com）の許諾を得てください．

出版社コード：1097　　　　　　© 2010 in Japan by Kaimeisha
ISBN 978-4-87525-271-9
落丁・乱丁本はお買い上げの書店でお取替えください

***************バウンダリー叢書***************

さあ数学をはじめよう

村上雅人／もしこの世に数学がなかったら？ こんなとんちんかんな仮定から出発した社会は、さあ大変！ 時計はめちゃくちゃ、列車はいつ来るかわからない…ユニークな数学入門。　　　　　　　　　　　　　1400円　<87525-260-3>

オリンピック返上と満州事変

梶原英之／満州事変、満州国建国、2.26事件と、動乱の昭和に平和を模索する動き——その奮闘と挫折の外交秘史。嘉納治五郎・杉村陽太郎・広田弘毅らの必死の闘いを紹介。　　　　　　　　　　　　　1600円　<87525-261-0>

合気解明　フォースを追い求めた空手家の記録

炭粉良三／合気に否定的だった一人の空手家が、その後、合気の実在を身をもって知ることになる。不可思議な合気の現象を空手家の視点から解き明かした意欲作！　　　　　　　　　　　　　　　　　1400円　<87525-264-1>

分子間力物語

岡村和夫／生体防御機構で重要な役目をする抗体、それは自己にはない様々な高分子を見分けて分子複合体を形成する。これはじつは日常に遍在する分子間力の問題であったのだ！　　　　　　　　　　　1400円　<87525-265-8>

どんぐり亭物語　子ども達への感謝と希望の日々

加藤久雄／問題行動を起こす子はクラスの宝——その子たちを核にして温かいクラス作りに成功！ 不登校児へのカウンセリング等で、復帰率8割に達するという。　　　　　　　　　　　　　　　　　1600円　<87525-267-2>

英語で表現する大学生活　入学から卒論まで

盛香織／入学式に始まり、履修科目の選択、サークル活動や大学祭や飲み会など大学生活には多くのイベントが。それらを英語でどう表現するか。英語のレベルアップに。　　　　　　　　　　　　　1400円　<87525-268-9>

合気真伝　フォースを追い求めた空手家のその後

炭粉良三／好評の前著『合気解明』発刊後、精進を重ねた著者にはさらなる新境地が待っていた。不思議な合気の新しい技を修得するに至り、この世界の「意味」に迫る。　　　　　　　　　　　　　1400円　<87525-272-6>

**************〈本体価格〉**************